「こころの旅」を歌いながら

音楽と深層心理学のめぐりあい

きたやまおさむ
富澤一誠

言視舎

まえがき

音楽評論家活動50周年に寄せて

富澤一誠

私は今年の４月27日に70歳になりました。そして音楽評論家活動50周年を迎えます。音楽評論家としての私の正式なデビューは１９７１年10月25日発売の音楽雑誌『新譜ジャーナル』（11月号）でした。私にとっての処女評論「俺らいちぬけたくないよ　岡林さん」が掲載されたのです。

「私の音楽論」という読者の投稿ページに掲載された私の評論に対し、編集部宛てに読者から賛否両論、たくさんのハガキが寄せられました。予想外の反響に編集部は色めきたったという話です。若い音楽の書き手がいなかったので、その後、私が重宝がられることになります。その意味ではきわめてラッキーなスタートだったと言えるでしょう。

71年から91年までの20年間、私は音楽評論家として、雑誌、新聞、単行本と「書く」ことに徹底してきました。その間に40冊の単行本を書いたほどです。

92年からはラジオ・パーソナリティーとして「しゃべる」ことを始めました。「ＪＡＰ

ANESE DREAM」（FM NACK5）を立ち上げたからです。そして97年からはテレビ番組のレギュラーを持ったので、テレビ・コメンテーターとしての顔を持ちました。「音楽通信」（テレビ東京）、「Mの黙示録」（テレビ朝日）で週に2回は画面に顔を出すことになります。

2000年から02年にかけて私は多忙の極みにいました。「JAPANESE DREAM」、「音楽通信」、「Mの黙示録」という3本のテレビ・ラジオ番組を掛け持ちしていたからです。加えて、書き手としてもかなりの数の連載物をかかえていました。そんな訳で多忙でありましたが充実もしていました。なぜならば、いい曲は売れてあたりまえ、いいアーティストは売れてあたりまえ、という理想のミュージック・シーンを創造するための効果的な「武器」をようやく持つことができたからです。

2000年に入るとミュージック・シーンの状況も変わりつつありました。いくら耳を立てても、私にリアリティーのある歌が聴こえないのです。そこで私は自分のシフトを変えることにしました。

「演歌・歌謡曲」でもない、「Jポップ」でもない、大人の良質な歌を「Age Free Music」と名づけ、それを旗印に掲げると同時に、私は自分が担当するラジオ、テレビ番組を全て「Age Free Music」にシフトを変えました。
18年4月、私は尚美学園大学の副学長に就任しました。50年間にわたって実社会で音楽評論家として活動して得た知識や経験を次の世代へ継承していくつもりです。そのために、授業で学生とコミュニケーションを取り、「実学」を数えることで、音楽業界で活躍できる人材を育成したいと思っています。あと何年できるかわかりませんが、志を持って「使命」を全うしたいと思います。

音楽評論家活動50周年を機に自分の人生を振り返ってみて改めて思ったことがあります。青春とは自分の「人生の切り札」を見つける果てしない旅、だということ。もしも青春が自分の人生の切り札を見つける果てしない旅とするならば、私の人生は未だ「旅の途中」です。当然、切り札も見つかってはいません。

そんなときに「振り返っても　そこには　ただ風が吹いているだけ」という歌が流れてきました。私は「歌いながらこころの旅」を続けなければと思いました。

一緒に旅ができるなら、きたやまおさむさんしかいないと勝手に決めました。きたやまさんにぜひおききしたいことがあるのです。そのための50年だったのかもしれません。「こころの旅」に一緒にお付き合い下さい。

目次

第2章　「旅の歌」の思想――「終着駅」が見えないから面白い　91

第３章　旅する音楽人生　153

第1章　「きたやま作品」の再発見

――この本のイントロダクションとして、なぜいま「きたやま」作品に注目すべきなのか、富澤さんに語っていただき、そこから議論に移っていただければと思います。

記憶に残る作詞家「きたやまおさむ」

●富澤　あえて「記憶に残る」という陳腐な言葉を使わせていただきます。たとえば、**なかにし礼**さん、**阿久悠**さん、**松本隆**さん、**秋元康**さんは、記録に残る作詞家だと思います。それに対して、**きたやまおさむ**さんは、記憶に残る作詞家ではないでしょうか。

ヒット曲の数の多さでは、圧倒的に前者です。しかし忘れられない名曲となると、きたやまさんになると思うんです。

それでは、記録に残ると記憶に残るでは、どんな違いがあるのでしょうか。

阿久悠さんは「時代のマニフェストソング」を書いていたと私は思っています。時代の気分をいち早くすくい取り、これからの時代はこうあるべきだという方向性を示す。たとえば、男と女の別れ方の場合は、お互いがイーブンで決めてから前に進もうと提示しました。「**また逢う日まで**」のように、言うならば、時代の気分を先取りした、時代のBGMが彼らの歌かもしれません。

それに対してきたやまおさむさんの歌は、時代の気分というよりは、時代そのものの息吹であり、メッセージなのだと私は思います。あとで詳しく論じますが、「**戦争を知らない子供たち**」は、〝戦争を知らない子供たち〟というキャッチコピーが戦後生まれを的確に表現していたことで、この歌はたくさんの若者たちの心を鷲摑みにしたのです。また、ネーミングの素晴らしさが世代を見事に表現して、「戦争を知らない子供たち」は、歌を超えて社会現象にまでなったのです。その意味では、まぎれもなく「時代のテーマソング」でした。

時代のBGMと時代のテーマソング。つきつめてみれば、時代の語り部と時代のオピニオンリーダーではないでしょうか。きたやまおさむさんは、単なる作詞家というよりも、まぎれもなく時代が生んだオピニオンリーダーなのだと私は思います。

▼きたやまさんの背中を見て歩いてきた

きたやまおさむさんは、私にとっては**吉田拓郎**さんと並んで特別な存在です。1971年、20歳の時に深夜放送で、拓郎さんの「**今日までそして明日から**」を聴いて、「このままではいけない、なにかしなければ」と思い、大学を中退したのです。しかし、そのなにかがわからなかった。

そんなときに、きたやまおさむさんが作詞した「戦争を知らない子供たち」と、きたやまさんが書いた同名の単行本を知りました。この歌はたくさんの若者たちの心をとらえたばかりか、歌を超えて本もベストセラーになることで、社会現象と化したことは特筆に値すると思います。つまり、きたやまおさむさんのメッセージがたくさんの人々の共感を呼び、きたやまさんはオピニオンリーダーになったのです。

彼のようになりたいと思って、私は音楽評論を書き始めたわけです。それ以来50年経ちますけれども、私は常にきたやまおさむという人の背中を見て歩いてきたつもりです。そして「きたやまさんならどう言うだろうか、どう書くだろうか」と考えながら発言してきたつもりです。

これは別に私だけではないと思います。きたやまおさむさんに影響を受けた〝きたやまおさむシンパ〟、および〝きたやまチルドレン〟は、今でもきたやまおさむさんの背中を見て歩き続けています。きたやまさんが書いた歌を人生のテーマソングとして聞きながら。きたやまさんが巻き起こしてくれた私たちの心の中にある風は、今もなお吹き続けているんです。

▼作詞活動は3〜4年

ということで、きたやまおさむさんは、私にとって特別な存在なのですが、簡単にきたやまさんのプロフィールを紹介させていただきます。

きたやまさんは、京都府立医科大学の学生時代から**加藤和彦**さんたちと**ザ・フォーク・クルセダーズ**のメンバーとして音楽活動を開始しました。そして、学生時代の記念、卒業記念として1枚だけアルバムを出しましょうということで、『**ハレンチ**』（1967年10月15日）というアルバムを自主制作したんです。その中には、やがて大ヒットとなる「**帰って来たヨッパライ**」が入っていました。

この曲が関西のラジオ局で流れると、たくさんの人からリクエストが寄せられ、いつの間にか関西で「帰って来たヨッパライ」というおもしろい歌が流行っているらしいと話題になりました。各レコード会社が殺到して、東芝音楽工業から発売されたところ、なんとミリオンセラーになりました。１９６７年のことでした。

こうしてフォークルは見事にスーパースターとなったわけですけれども、メンバーの**加藤和彦**さんも、**はしだのりひこ**さんも、みなさん学生でした。きたやまさんも精神科医になるということで、フォークルは1年だけ、1年間の活動が終わるとすぐ、きたやまさんは大学に戻りました。

もっとも、きたやまさんは、その後も作詞やディクスジョッキーなどの活動を続けていたのですが、１９７１年には芸能活動から引退します。大学に戻り、その後ロンドンに留学して、精神科医になりました。ですから、きたやまさんがフォークルを含めて芸能活動、作詞活動をしたのは、ほんの少し、67年から71年にはもう引退してますから（この「引退」については、あとで論ずることになります）、3～4年しかないんです。

その中でたくさんのヒット曲を出し、なおかつ先ほども言いましたように、私達の記憶に残る歌をつくっているのです。なにより私にとっても「あの頃」記憶に残っている曲の数多くが「きたやま作品」なんです。これがまたすごいなという感じです。

　ということを前提にして、きたやまさんのいくつかの曲について紹介しながら、創作の核心について伺い、なぜ時代は「きたやまおさむ」を選んだのか、を考えていきたいと思います。

「帰って来たヨッパライ」をあらためて解読する

●富澤　最初は「**帰って来たヨッパライ**」です。１９６７年12月25日の発売。私は高校１年でした。受験勉強をしていましたので、深夜放送を聞いてないんですね。では「帰って来たヨッパライ」をどこで聴いたかというと、高校から駅まで歩くんですけれども、友人がよく歌っていたんです。それが最初。その後ちゃんと聴いたのが、夜のご飯を食べる時につけていたテレビでした。
　すごくびっくりしたのが、「おらは死んじまっただ」という機械的な声。これはどういう音を出しているんだと。その後、きたやまさんが神様の声をしゃべっていて、それから効果音も出てきました。とにかく聴いたことがないような新鮮さに驚いて、「これはすごい歌だ」と思ったんです。

後で、それはテープの早回しであるとか、そういうのを知ったんですけども、初めて聞いた当時は、どうやって作ったんだろうと不思議に思いました。誰もやったことのないような歌の素材の新しさ、常識破りのサウンド、テープの早回しで人間の声を変えるというアイデア。今ではコンピュータがありますから、すぐできる技術でしょうが、当時はなかった。よくアイデアが出てきたなという感じです。今まで聴いたことがない、ということは新しかったということだと思いますが、その新しいことを大学生がよく思いついたなと思うんです。

加藤和彦さんと松山猛さんがこの曲を作って、その後にきたやまさんが「神様の声」を入れたりと、いろんなアイデアを考えたということも後で聞きました。

当時この歌を作ろうと思った、もともとのきっかけはどういうことだったのでしょうか。そしてたぶん原曲のままだとデフォルメされていないので、たくさんの人に聴かれるまでは至らなかったと思うんです。いい歌をたくさんの人に聴かれるまでデフォルメしていった、そのへんのプロセスはどうだったのでしょうか？

●**きたやま**　大事なポイントは、**加藤和彦**と**松山猛**が原作ということです。私はその骨子ができあがったところで参加しています。私は、このプロジェクト、つまり最初の300枚の私家版レコードのプロデューサーなんです。私がプロデュースしてレコードを作った。二人の作家が作ったものに、アレンジとかレコーディングとか、神様の声を入れる段階で参加して、その部分でできる範囲のプラスアルファをやった。レコーディングは、私の自宅でやったんですよ。ちょっとノイズがうるさいので、私がそれを見張りしてたみたいな、そんな自宅レコーディングです。

よくオリジナリティみたいなものを求められるんだけど、原作の刺激になったヒントはあります。加藤和彦が言うには、最初に「夢に見たヒルビリーヘブン」（1955年）というウエスタンの歌があった。これは YouTube で聴けますが、天国に行くと死んだいろんなミュージシャンと出会える、あるいは神様たちのようなミュージシャンに出会える、でもそれは夢だった、という曲がもともとあったらしい。それをひとつのアイデアにして、当時交通事故がきっかけで死ぬことが多かったので、松山猛がそれをかぶせてオリジナリティを発揮した。

早回転にしたのは、チップマンクス（アメリカのグループ）という人たちが早回転のレコードをもうすでに出していましたから、私たちミュージシャンとすれば、早回転すればああいうことになるのは知っていたんです。で、テープレコーダーが目の前にあったから早回転してみた。このテープレコーダーも妹が英会話用に使っていたレコーダーなんですよ。そして木魚は私の家にあった。メトロノームはパーカッション代わりに使うんですよ。あの曲の最後のところでカチカチって音が聞こえてるのは、我が家のピアノのメトロノームなんです。そのへんにあるものをいっぱい使って、家でレコーディングできるという時代が来ていたっていうことがまた大きいよね。

ホームレコーディングなんて珍しくなくなって、今では皆さんやっておられるわけなんだけれども、1960年代の後半、そういうふうに状況が揃ったことも大きい。

▼状況があの曲を生んだ

●きたやま　なんで私たちが（アマチュアとしてのフォークル）解散レコードを自分たちで作ることになったかというと、メジャーからの（デビューの）オファーに私たちは乗る気がしなかったから。つまり浜口庫之助さんの歌を歌え、というような提案だったからね。そうするとどうしても私たちの歌を歌いたいっていうニードがまずあった。で、1曲だけ初めてのオリジナルを入れようと。それまでは替え歌だとか翻訳をやって、あるいはコピーをやっていたけれど、バンドの解散記念レコードだから、1曲だけオリジナルを入れようという話になった。それで加藤が松山猛と家で作ってきて、私の家でレコーディングしたっていうのが経緯。

つまりその時の「状況」がなかったら、この結果は絶対に生まれなかっただろうと思うんですよ。だから、どれだけの部分がオリジナルですかといわれると、天才的な原作者たちとともに「状況」もまた独特で大きい要素だね。

ビートルズの登場でもそうだったと思うんだけれど、もうすでに曲がいっぱいあって、それをハンブルグで歌ったり、あっちやこっちで歌ったりしていて、そしてデビューするという「状況」があったということ。みんなが曲を受け止める気持ちでいたとか、団塊の世代があれだけの数になってレコード購買層として待っていた、という状況があった。

もっと大きなことを言えば、ラジオが一家に1台あった時代から、2台目のトランジスタラジオが登場して、それが若者の手元に置かれるようになった。そして深夜放送というのが始まり、家で勉強しながらそれを聴いている「ながら族」がものすごい数がいた。これも状況論ですね。

そこに、じゃあお前たち、好きなことを何でもいいからやってみろって言われたと思うんです、神様から。そうしたらああいう曲、そして編曲が生まれた、ということだと思うよ。

▼空想の空間、空想のスタジオ、空想の結果を共有していた

●富澤　加藤和彦さんと松山猛さんが作られた元の「帰って来た…」がありますよね。それを、きたやまさんがプロデューサーとして、もっと面白くさせようと考えたんでしょうね。

●きたやま　「天国よいとこ」のところは早回転に対して、地声もかぶしてとか、セリフはこうして、エコーをかけるとか、そういうことはやった。

早回転というと、一つのスピードしかなかったんだよね。だからそれは機械が決めたこと。でも、加藤は逆算してあのスピードで歌うと、ちょうどあの結果を生むんだっていうのはわかっていた。加藤和彦はマジシャンだよね。

私たちはためしに作ってみるというよりも、頭の中で結果を空想していたと思う。それは主に加藤和彦の頭の中にあった。彼の頭ん中にあるものを我々は共有していて、我々はどんどん加えていったんだと思う。つまり、今みたいにいっぺん試してやってみようとい

うことじゃなく、面白そうな作品像が空想で共有されていた。それは凄い熱量を伴っていたと思う。

振り返って今ないものは、「空想の空間、空想のスタジオ、空想の結果」みたいなものです。我々はすでにそれを頭の中に持っていて、そこで歌っているんだよね。結果を見てるわけ。我々は頭の中でそれを共有してたと思うんだよ、加藤と松山、そして私くらいは。私はどこのスタジオを借りて、この部分はスタジオ行ってダビングしないと駄目だみたいなことを考えながらやっていた。ほとんど一発取りなんだよね。

なんでそんなことが可能だったかというと、これははっきり証言しておきたいけれど、当時ラジオで3回くらい新曲を聴いたら、音楽好きのほとんどの人間はその曲を歌えたんだよ。いまは、そんなことはできないと思う。曲が難しくなったんで、コード進行もわけわかんなくなっている。最近はレコードを買っても演奏できない時代だけど、当時はみんな単純だから、3回聴いたら歌えるんだよ。さらにそれはなんでかというと、エアチェック（テレビ・ラジオの番組を録画・録音して楽しむこと）していないんだよ、みんな。テープレコーダーでレコーディングして覚えたんじゃない。1回限りの曲を聴いて、3回ぐらい聴いたら歌えたんです。みんな頭の中にテープレコーダーを持っていたってことでしょ。

当たり前ですよね。昔初めてアメリカに行った人たちは、必死になって英語を聞いたと思うんです、1回しかないから。そうすると身につく。いまは何度でも聴けるもんだから、全然頭に入んないんじゃない。そういうような人間の違いがあった。1960年代にしかいない人間がそこにいたと思うんです。

振り返ると、なんであそこにそんなものを付け加えることが浮かんだのかというよりも、頭の中にスタジオがあったんです。求められてない答えで申しわけないけど、こんなことだった。だからいまは、それはないよ。

▼自分で売り込みに

●富澤　でも、今なら「プロデューサー」という言葉は広まっていますけれど、当時は「プロデューサー」という言葉はないわけだから、そういう意味で、きたやまさんがやられたことは、かなり先駆的だったんじゃないですか。

●きたやま　そのモデルは、ひとつあった。大塚孝彦のフォークソングのグループが、『ファースト&ラスト』というアルバムを出したばっかりで、私家版のレコードを作るという動きはあった。結婚式のスピーチなんかを録音するスタジオもあって、それを配るサービスもあった。記録にしてみんなに配って売るということも始まっていた。関西でも、メジャーからではなく自分たちで自分たちのフォークソングを出そうという試みが、もう1回か2回はなされてた。それも私の目の前で。

ただ、それをオリジナルでやろうとしたのは、初めてかもしれません。

●富澤　URC（アングラ・レコード・クラブ、69年設立のインディーズレーベル）の前ですものね。

●きたやま　オリジナルでやるということと、もうひとつ独自の活動は、売れなかったので、なんとか曲をラジオでかけてもらおうと思って、自分で売り込みに行ったこと。これはビートルズはやってないんだよね。ビートルズと違うのは、自分でプロモーションに行ったということじゃないかな。

●富澤　30万円でしたっけ、きたやまさんが制作費を集めて。

●きたやま　23万だったかな。

●富澤　それで100枚しか売れなくて、200枚余っちゃったという……。

●きたやま　300枚のレコードを、1200円で売ったんだよね。LPだから、当時も高くて2000円くらいしてたと思う。それを1枚1200円で売って、300枚売ったら30万円ちょっとにはなるはずだった。でも、けっこうディスカウントされて、1枚800円だとかで売ったけど、100枚しか売れなかった。

●富澤　それだと赤字になっちゃうので、なんとかしなくちゃいけないということで、売り込みに行ったんですね。

●きたやま　映画の『**パッチギ**』（井筒和幸監督、2004年、京都が舞台）やいろんな音楽映画でよく登場するんだけど、そのころすでに、あちこちの地方の放送局に、わりと熱心な若手ディレクターがいたんですよ。広島にも、九州にもいて、拓郎を紹介したとか、陽水を見つけたとか、そういうディレクターがあちこちにいた。私たちの周辺にも、もう私たちに興味を持っているディレクターがいらっしゃったんですよ。で、曲をかけてもらおうと、そういう人がいるラジオ局に行った。ラジオ関西だったんだけど、じつはお願いしたディレクターじゃなくて、違う女性ディレクター、高梨美津子さんという人にかけてもらった。彼女は「きたやまさんに頼まれたといわれるけど、私がかけた」、つまり彼女の意志とセンスでラジオから流れたんだってことです。

そんなこんなで、ビートルズにブライアン・エプスタインみたいな人がいて、彼らを紹介したり売り出したように、やっぱり私たちもそういう人達に取り囲まれていたんだね。

結果的に、それが功を奏したんだと思います。売れたことがプラスだとすれば。

●富澤　あれは高梨美津子さんがかけて、その後西内隆さんっていう人が自分の担当番組でかけて……。

●きたやま　3人ほどいらっしゃいます、推してくださった方は。

●富澤　そこから、また広がっていくんですね。

●きたやま　それでコロムビアからオファーがきた。でも、編成会議で下品だからといってだめになった。それでがっかりしてたら、東芝音楽工業がきた。

●富澤　東芝音工がきたとき、当然マネージャーなんかいないわけですよね。

●きたやま　ただ、秦政明というURCを作った社長が、私が面白いことをやってるのを聞いたらしく、スタジオを紹介してくれたりした。そういう渡りに船みたいな人達はたくさんいました。でもマネージメントは私がやっていたんです。

▼プレイングマネジャーの愉しみ

●富澤　レコード会社を最終的に決めたのも、きたやまさん？

●きたやま　（報酬は）「買い取り」って言われたのを、なんとか印税（売れた分だけ報酬が増える仕組み）にしたのも、そうですね。

●富澤　その当時、きたやまさんは「印税」とかを知っていたんですか？

●きたやま　印税のシステムなんか知らなかったですよ。ただ理屈はわかるじゃない。買い取られたら印税にはならないわけでしょ。ちょうどその時、有名なヒット曲の作者が、「買い取りになって、えらい損をした」と嘆いている記事を読んだことがあったんだよね。

たいていこういうケースは買い取りですよ。ただ私の感覚としてはもう関西で売れているんだから、これはやっぱり自分の権利を主張しなきゃいけないと思っていた。それともうひとつ重大なのは、私が借金の中にいたこと。さっき言った20何万円の借金です。当時の23万円、今でいうと200万円くらいの借金がある。これを返すためには印税にしてくれないと困ると思っていた。

それで、（プロになるのは）加藤和彦は嫌だって言うし、マスコミなんかにデビューしたくはないっていうのが、感覚としてはあった。仕事につきたかったからね。最初は5、6万枚の話だったし、そうしたら印税で借金返せるなと思ったんです。

●富澤　当初、原盤（その楽曲を販売したりする権利）は全部きたやまさんが持っていたということですよね。

●きたやま　そういうことです。みなさんがおっしゃるには、どうして自分たちで音楽会社を作らなかったのって。それは面倒だよ。会社を作った人はいっぱいいたけれど、けっこう苦労した結果を生んだと思うんだよね。儲かりすぎて、映画を作って大失敗した人とか、あの後いっぱい出てくるんだよ。

私はそれには手を出さなかった。そんな暇もなかったし、関心もなかった。フジパシフィックミュージックの朝妻一郎さんや、ユイ音楽工房の後藤由多加さんとか、ああいうキャラクターのプロデューサーは周囲にいなかったし、私はやる気がなかった。やっぱりプレイングマネージャーが面白かったですよ。

▼1960年代のミュージシャン

●富澤　きたやまさんが書かれた**『くたばれ!! 芸能野郎』**（自由国民社、69年）の中で、税務署に行くくだりが出てきます。確定申告に行かなきゃいけないことが書いてあるんですよ。税務署の人がきたやまさんを見て、「『ヨッパライ』の方ですね。あなたの去年の収入額をおっしゃってください」と。それできたやまさんが、「僕の所属している高石音楽事務所よりもらい受けた支払い調書なども見せました」と。300万枚くらい売れているわけですから、原盤を持っていたら大変な額になりますよね。

●**きたやま**　でもどうでしょう。大変なことになるって皆さんおっしゃるけど、（原盤を）獲得しなかったことが、私たちをそれらしい人生にしてくれたと思っている。それを獲得した世代が、１９７０年代にニューミュージックを作るわけだけれども。プロデューサー印税から原盤制作まで、みたいな。私は「**あの素晴しい愛をもう一度**」で一度やりかけたんだけど、めんどくさくなってやめたんです。そこが１９６０年代のミュージシャンであるところですよ。難しい選択ですね。

●**富澤**　70年代の半ばに入って「ニューミュージック」と名前を変えたところでいうと、ビジネス先行ですよね。最初からその気になっていた。一方、きたやまさんたちの時代というのは……。

●**きたやま**　むずかしいですよ。ビジネスは大事なんだけど、ビジネスもこちら側に置いとかないと自由な音楽ができないという悩ましさがある。でも自分はそこを上手くコントロールできないで、他の人にまかせなければいけない。これが難しいことになっていく。だって、このプロジェクトの面白さは両方やることなんだから。私は両方やるのが面白い、と言って生きてきたからね。

●富澤　やるんだったら、両方やらなくちゃダメなんだと、本に書いておられますよね。

●きたやま　人生はプレイングマネージメントが一番面白いんだと思う。だからブライアン・エプスタインが私たちにはいなかったんですね。この前もある方に言われたんだけど、いなくて良かったと思うんだよ。いたら確かにものすごい規模のプロジェクトになったと思うけど、いなかったおかげで両方できた。

●富澤　結果として、きたやまさんにとってはOKだった。

●きたやま　自分の人生を自分なりにコントロールすることができたからね。やめることも可能だったんですよ。ミュージシャンで、コロナ禍を機会にやめたいと感じている人はいっぱいいますよ。でも50人のスタッフを抱えているもんだから、やめるわけにいかないんですよ。ひじょうに苦しいところだよね。なにか大きなことを始めると、走らせ続けなくちゃいけないんだよ。コンサートができないと、花屋さんまで泣かせることになるでしょ。

私は今振り返って、その規模の小ささ、セルフマネジメントで終えることができたことによって、私たちが私たちなりの人生を送ることができたんだと思うんです。つまり分相応。

●富澤　分相応にしては売上がすごすぎましたね。

●きたやま　でも売上はＵＲＣを作った音楽舎に集中した。さっき言ったようなプロセスで、結局原盤制作権に相当するものを秦さんが持っていった。後から振り返るとそうなるわけです。それで秦さんはそれを使ってＵＲＣレコードを作る。そのプロセスは私にはオッケーです。私はうまい具合にお金を使ってくれたと思うんですよ。それが妙にフォーク・クルセダーズ側に入っていたとしたら、なんかしょうもない映画を作って絶対に大赤字になったと思うよ。ＵＲＣというものに出してくれたことを考えると、原盤権を彼が確保してくれたことは良かったと思う。もともと私に原盤権があったとはいえ、そう思うんですよ。

●富澤　本来だったら、きたやまさんが持っていてもいい原盤権が、秦さんに渡ったことによって、その後の道がひらけましたよね。

●きたやま　ＵＲＣは大きな遺産ですからね。

▼唯一成功した若者の若者によるボトムアップ型「革命」

●富澤　ＵＲＣからたくさんの人が出てきますから。その元がフォークルにあったとは初めて知りました。きたやまさんがおっしゃったように、それは最初に宝くじがドンと当たっちゃったようなものなので、普通だったら、そのお金はどこかで化けちゃった、ということになりがちです。また、自分たちで取っちゃうこともできたのに、ＵＲＣというフォークムーブメントを推進する、一番いいところに使われたというのが、すごいことだなと。

●**きたやま**　私個人は、秦さんという人はなかなかの人物だと思っています。ＵＲＣだけで参加した人、あるいは高石事務所から音楽を依頼されてデビューした人にとっては、秦さんという人はとんでもないという人もいます。でも、秦さんは私たちのことを、原資になるものを提供してくれたグループとして大変尊敬してくれていた。リスペクトを感じたよ。なので、私は彼のことをセンスがいいなと思ってるんですよ。

一方で、当時アイ・ジョージさんや坂本すみ子さんたちを売り出した大阪のエージェントの人たちのことを思い出すんです。あそこは完全なプロの集団でしたよ。彼らも関東に進出するアーティストを管理していたんだから。

それと並行して、（私たちは）ずっと関西にいながら東京を制覇することを考えた。箱根の山を越えられないってみんな言ってた。でも、京都にいながら東京に出ていくことができるし、広島にいても九州にいても、どこにいてもデビューできるという時代が、その入り口を開いたんですよ。

音楽の流通の流れを変えた。ボトムアップにしたんだよ。自分で言うのはなんだけど、いろんな革命が失敗する中で、唯一若者の若者による下から上への運動が、曲がりなりにも成立したっていうところが大きい。それで皆さんの記憶に残っているんですよ。

●**富澤**　音楽革命ということですよね。

●**きたやま**　言えるかもしれない。

「風」の時代

●**富澤**　次は「**風**」です。フォークルの解散を機に、きたやまさんは学業に戻ったわけですが、メンバーだった加藤和彦さんは作曲家になり、はしだのりひこさんは**杉田二郎**さん、**井上博**さん、**越智友嗣**さんとニューグループ「**はしだのりひことシューベルツ**」を結成しました。そして、シューベルツのデビュー曲がこの「風」でした。

これが出たのは69年の1月10日。そして、全共闘によって占拠されていた東大の安田講堂が「落城」したのが1月19日です。

この歌は、青春の旅立ちのやるせなさを歌っています。どんな人間も、たった一人で旅に出ると思います。この旅は普通の旅行ではない。もちろんGo TO Travelでもない。言ってみれば、自立への旅。一人の男として、一人の人間になるためには、青年は荒野を目指さなければならない。止めてくれるな、おっかさん、ですね。

そんな旅立ちを、学園闘争の後に置き換えたらどうなるでしょう。勇んで旅に出たのが闘争とすれば、挫折は幻滅の空しさを生んだと思います。そんな空虚感を、この歌は実にうまく表現しています。むろんその空しさは、闘争の後の空しさ自体を歌ったものではないと思います。しかし、聞き手によっては、自分の心情に合わせて聴けるんです。少しばかりさびしくなって、振り返ってみても、そこにはただ風が吹いているだけだったと。

人間誰しも、ふとさみしくなったりしますと、たまらなく振り返ってみたくなるものだと思います。そこには、振り返ってもなにもないことはわかってはいるのです。それでも振り向かざるをえないほどさみしいものなのです。そんなさみしさを、「さみしい」という言葉を使わないで、「ただ風が吹いている」というフレーズに凝縮させているんですね。このセンスはすごい。

このさみしさとかやるせなさ、空しさが、学園闘争に敗れ、挫折し、疲れ果てた若者たちの心の中を吹き抜けないはずはないと思います。「風」はそんな若者たちの心の中を吹き抜ける、まさに風だったのではないでしょうか。

私は当時高校2年生でしたが、はしださんのあの独特の歌い回しと、それから途中で入ってくるあの口笛、あれがすごく自分の中で響いていました。また、西岡たかしさんに「このフレーズはいらないんじゃないかな」っていわれるところがありますよね。それはアレンジもザッザッザッザと前に向かっていく感じになる部分ですが、そこがすごく印象に残っています。

きたやまさんは「風」のなかで、「さみしい」とかを言うのではなく、「振り向けばそこにはただ風が吹いているだけ」と書かれた。これにはいろんな意味があると思いますが、よくこのフレーズが出てきましたね。これはどこから出てきたフレーズなんですか?

▼やっぱり何も残ってない、風だなと思った

●きたやま　そういうことを聞かれると、「落ちてきた」と言うしかない。「どこから落ちてきたんだ」と言われそうだけれども、本当に落ちてきたんだよね。インスパイアされる

というのは誰かが吹き込むんだと思うんですよ。自分の中から湧いて出たという言い方は僭越だと思う。

いろんな時代で、その時代を引き受けたソングライターがいるけれども、あの瞬間くらいはその端っこにいさせてもらえた。時代が期待しているものや時代の思いを、感受して言葉にする装置になりえたんだと思うんだよ。

時代そのものが、おっしゃるように学生運動でみんながあれだけの情熱をかけたものが、何も残っていかない、そういう状況だった。本当に機動隊が入ってきて、水をぶっかけられて、後に何も残ってないのを見せつけられた。それを言葉にしたのではないかと。

60年の安保の時には**「アカシアの雨がやむとき」**（**西田佐知子**）が「テーマソング」だった。そういう意味では、**「風」**は1970年安保時代の歌ですよ。私の大学でも、私たちのいわゆる「学友」、同級生達がいがみ合っていた。京都府立医科大学もそれなりに巻き込まれた。その向かいには立命館大学があって、そこには杉田二郎がいて、その間を学生たちが紛争で行ったり来たりしていた。大学に戻っても、本当に学校はやってなかったし、授業に出られなかったけれども、学生集会には皆いっぱい出て、そして議論も本当に紛糾したと思います。でも振り返ったら風ですよ。

やっぱりフォークルの体験そのものも、私にとっては熱狂の通りすぎた後みたいなことになってしまった。いったいあれはなんだったのかと問いかけると、やっぱり何も残ってない、風だなと思ったよ。だからそれは時代でもあり、個人においてもそうであった。そして日本人はこの旅の感覚がそれなりに好きです、多くの詩人がそれを取り上げているようにね。そういう意味では、日本人の好きな心境としても、あの歌の通りだったんじゃないですかね。

▼時代との「インターコース」

●富澤　それは見事に捉えられていると思います。私は70年入学なので、入った時に学生運動はちょっと下火だったんです。その時は残念だったという思いが強かった。ニュースを見ていて、先輩の大学生たちは凄いなあと思ったんです。自分も行きたいと思っていたんですが、まだ高校3年なので受験勉強をしなくちゃいけないと。それで70年に入って、よし、じゃあ俺もデモとかに行こうかなと思ったら、今度はリンチとか、内ゲバですから。乗り遅れたなというのがすごくありました。

高校生の時に「風」を聴いた時に、なぜかこの歌の中の主人公に自分はなりたいと思いましたね。

●**きたやま**　主人公になりたいと思ったんでしょうけど、この主人公像というのは、私でもあったし、**五木寛之**さんの小説にも出てきているし、ヨーロッパに行くとそういった連中がいつもあちこちを旅していた。世界中の若者達がワンダーフォーゲルで、渡り鳥的だった。映画の中でも歌われていた。よく言うのですが、「**フーテンの寅さん**」も旅に出ていますからね。

だからみんな、あのとき旅に出たんだよ。そういう意味じゃ、みんながなりたいと思ったものを描き出したんじゃないですかね。そういう心境だったたんでしょう。

●**富澤**　五木さんは『**青年は荒野をめざす**』(67年)と書いた。きたやまさんがおっしゃったように、みんな旅に出たかったんですよね。

●**きたやま**　**小田実**の『**何でも見てやろう**』(61年)とか、**大江健三郎**の『**見る前に跳べ**』(58年)とかもそれ。国鉄も「**ディスカバー・ジャパン**」というキャンペーンをやっていた(70年)。時代そのものがニューフロンティアとか国境を求めていた。

●**富澤**　**沢木耕太郎**さんの『**深夜特急**』(86年)もそうですね。そういう時代だったのかもしれないと思います。

「ただ風が吹いているだけ」というフレーズですが、伊勢正三さんにも聞いたんですけれど、「なごり雪」とか、よく書けましたねと。その時に必ず皆さんが言うのは、「俺が書いたんじゃない。天から降ってきた」、もしくは「神様に書かされた」ということです。

でも、いきなり「来る」わけじゃないと思うんです。制作意欲が高まって、常に書き溜めていて、満タンになっているときにはじめて「来る」ものであって、突然「来る」という感じじゃないと思うんですけど。

●きたやま　この表現はひょっとしたらまずいかもしれないと思うけれども、「時代と寝てる」と思うんだよね。時代と「交流」しているから、時代というパートナーの気持ちがわかる。だからよく言われるように、作品は子ども。英語でインターコース intercourse というのは、セックスでもあり交流でもあるんだけれども、そういったものがあった時に、作品を生み出すんだと思う。

あの時代にそういうことがあった。少なくとも瞬間的にはあったのは、やっぱり受け手がいたということです。二者関係だけれど、送り手としては聴衆が、期待してくれる人々がいないと成り立たない。つまり、送り手はお金のことなんか考えてないと思う。お金は結果であって、お金よりも相手を喜ばせたいとか、相手の気持ちを言葉にするとか、そういう関係性。その関係性を、時代ととり結んだんじゃないかと思います。若い時ほどその感受性が高まるんだと思うね。

●富澤　ＥＴとの「交流」みたいな感じですよね。

●きたやま　そこにある「交流」は、後先考えない少年だからこそのもの。大人だと「いくら儲かるんだ」とか、あるいは「危ないんじゃないか」とか考えてしまう。『**未知との遭遇**』（77年、スティーブン・スピルバーグ監督）でもそうですよね。一生懸命山を作って、宇宙船を待つ心境っていうのは、トリュフォーが演じている科学者や軍人たちの「行くとやばいんじゃないか」とか、「国防軍としては守らなきゃいけない」という計算がない。ただ異質なものと交流してみたいという欲求がそこにはあったと思うね。それは喜びに満ちていたと思うよ。あの時代にそういう作品を作ることができた人は、みんなそう。今でもそうでしょうね。

▼「送受信装置」同士の感応

●富澤　きたやまさんは、フォークルの時代でも、フォークル以外のアーティストに作詞されてますよね。「風」はフォークルが解散をした後で、はしだのりことシューベルツのために書いているわけですか？

●**きたやま**　解散はまだ起こってない時なんだよね。

●**富澤**　それで、フォークル解散コンサートの時に「風」を歌っていますよね。ということは、きたやまさんがフォークルの時には、作詞家ではなくてメンバーとして書かれているわけです。そしてこの「風」以降、この後ベッツイ&クリスを取り上げるときに詳しく出てくると思うんですけれど、メンバーから作詞家になっていくきっかけになったのがこの「風」ですか？

●**きたやま**　まあそうだね。でも、はしだのりひこと再会した10年くらい前、私に言った名台詞がある。「お前にあんなに才能があると思わなかったよ」と言っていたから、「風」を書いたのちも、そんなものは誰でも書けるよっていう感じが彼にはあったと思う。彼とは決裂するんだけど、私自身にも作詞家なんて自覚はなかった。ちょっと書いたら、売れたみたいな感じでしたね。

●**富澤**　これは、四国の旅館で……。

●**きたやま**　台風が来て、四国の宇和島に缶詰めになって、足止めになって、旅館で歌いながら作り上げました。

●富澤　一晩で？

●きたやま　一晩くらいでできました。「あの素晴しい愛をもう一度」の時もそうですけど、一晩くらいですよ。よく考えてないよ、みんな。弾みというか、さっきから言ってるように、あんまりよく考えてないからできる。

●富澤　旅館ではしださんも一緒で、詞ができたらちょっと曲つけようっていう形で？

●きたやま　そういうことです。ポール・マッカートニーの「イエスタデイ」だって、朝起きたら頭の中で鳴ってたっていうんだから、そんな感じでしょうね。

自分の中にそういう装置みたいなものを作って、さっき言ったイメージの中のスタジオがあるんだよね。そこに何かが送り込まれて、そこを通過すると、なにかそういうものが生まれる装置ができたんだと思う。ただ、私はそれを「作詞家の部屋」だなんていう自覚はなかった。

今でも富澤さんがこうやって投げるから、私がこうやって喋っている。その時に、その装置の存在みたいなものを感じられるのかもしれない。あなたが投げてくるものを受けて、それを返している私の側に、「受信機と送信機」を一緒にしたみたいなものがあるんだと思う。それを使っているんだよね。それが、時代とうまく出会えた。あるいはそれが完成していたからこそ、みんな「神様が作らせた」とか言っている。

●富澤　特にきたやまさんの場合には、感度と精度が高かったということではないでしょうか。

●きたやま　その瞬間だけはね。

●富澤　そして数が多かった。すごい歌が、1曲2曲じゃなく、ずらずらと並んでくるのはなかなかないですよね。

●きたやま　これは引き出してくれた相手、二者関係があったから。相手がいるんだよね。それは、はしだのりひこであり、加藤和彦であり、杉田二郎である。送信機であり受信機である装置を持っているやつと出会っているものだから、私も受信機であり送信機になれる。スマホとスマホを接近させて、データが送信されて受信されるみたいな、「感応」っていう言葉になるかな、お互いに感応しあえる。そうすると、サイクルというか、なにか循環するんだよね。送ったら返す、返されると送る、キャッチボールみたいなもの。

そこがシンガーソングライターと違うところかもしれない。シンガーソングライターは、これを個人の中でやるんだけど、私からすれば、そういうふうな状態になったときにでも、それを聞いてくれるディレクターとか、富澤一誠だとか、パートナーだとかがいるんだよ。

レノンにはマッカートニーがいるように、有名無名な人達がいっぱい聴いてくれて、反応してくれたと思う。

「白い色は恋人の色」を京都で作った意味

●富澤　きたやまさんのスキルというか、作詞家の技術が出てきたのが**「白い色は恋人の色」**でしょうか。**ベッツイ&クリス**には**「花のように」**（70年）とかもありますけれど、改めてまた「白い色は恋人の色」を聴かせていただくと、見事ですね。簡単なように見えるけど、隙がないというか。

「白い色は恋人の色」について少し説明します。69年10月1日の発売。歌ったベッツイ&クリスはかわいかったですね、すごくきれいな声のユニゾンが印象的でした。コンビは、67年にハワイで、ベッツイことエリザベス・バージニア・ワーグナーと、クリスことクリスティーン・アン・ロルセスの二人によって結成。同じハイスクールの学生だったふたりは、ともにフォークに興味をもっていたのがきっかけで、一緒に歌うようになったのです。

そして「サウンドオブヤングハワイ」と名付けられた、30人あまりのハワイのハイスクールの学生たちが来日して、チャリティコンサートを行ないます。その中にベッツイ&クリスがいました。ふたりがすごく目立っていたので、ベッツイ&クリスのコーナーができたんですね。クリスがギターを弾いて、ベッツイが歌ったんですが、これがすごくよかった。それでコロムビアレコードの飯塚恒雄プロデューサーが、これはおもしろいから出してみよう、となったのです。

すごく透明感のあるかわいい声なので、この声を活かすにはどうしたらいいのかを考えたところ、加藤和彦さんのメロディがいいんじゃないの、となって、加藤さんに作曲をお願いした。加藤さんといえば、当然作詞家はきたやまおさむさん。このコンビでベッツイ&クリスのために曲を書いたところ、当時80万枚を超える大ヒット曲になったのです。このの大ヒットによって、きたやまおさむ・加藤和彦コンビが、ヒットメーカーになった。そういう意味で言いますと、ヒットメーカーになるきっかけを作ったのは、この歌ということになります。

▼旅の途中で歌ができる

●きたやま　このあたりのことね……。先の2~3曲は、「あーだ、こーだ」がちゃんとあって覚えているんだけれど、このあたりになってくると全然覚えてないんだよね。どうやって作って、いつ曲をもらって、どうやって書いたかがわからない。「あの素晴しい愛をもう一度」は覚えているんだけど、このベッツイ&クリスの時代は、さっき言った「受信機送信機」に放り込んでくる加藤和彦がいると、それを私が処理して、というプロセッサーみたいな状態になっていた。「人間音楽制作機」みたいな。

もう一つ重要なのは、そのとき私は医学生で大学に戻っていたし、京都にいて芸能界とは距離を置いて自分の生活を送っていたということ。芸能界の熱狂というものから距離を置けているし、そういう距離もあるんだけれど、訪ねてくれる人もいる、そういうところに私がいられたことが、大変幸せなことだったと思う。

それはシンガーソングライターたちの位置でもあった。例えば南こうせつは九州にいたりとか、吉田拓郎は広島に本拠地があるとか、あるいは東京に出てきたとしても気分は広島だとか。あるいは青森に、あるいは仙台に、札幌にといった感じで、みなさん地方にいた。でも、決定的にやっぱり東京でやらなきゃいけないところがあって、多くが東京で起こっている。そこで、スタジオは東京というよりも、ロックウェルというスタジオが箱根にあって、そこにこもって曲を作ったりレコーディングするのが一時期流行った。私の場合は、今の「花のように」だとか「白い色は恋人の色」とかは、明らかに京都で作っている。東京で制作されるし、レコーディングされるんだけど、関西にいながら東京へ向かうところで作品を作るみたいな、結果だけを東京で録音するだけであって、原作は地方でというのは、これは大変大きな知恵だった。

旅の途中で歌ができる、行ったり来たりの途中で曲が生まれている、というのが、私の持論なんですよ。

その後も、加藤和彦からカセットテープで曲をもらって、それを持って旅に出て、あるいは東京から京都へ、京都から東京への間を往復して、その間に作品が生まれたんだと思います。

人は旅先の目的地に着いたら、あるいは職場に着いたら、何かが起こる。帰ると何かが待っている。あなたが最初に証言されたように、「帰って来たヨッパライ」を聴いたのは、学校からの帰り道なんだよ。A地点からB地点の間なんだと思うんですよね。

フォークソングの原点は**ホーボーソング**（Hobo Song）っていうんだけど、「ホーボー」というのは、渡り労働者、悪い言い方をすれば、時には無銭飲食、無銭乗車を繰り返す人々のこと。私の好きな曲で、「**ホーボーズララバイ**」（Hobo's lullaby）という曲があって、方々歩くんだよ。方々歩いている人が歌を作る。旅する人が歌を作るんだね。**松尾芭蕉**が代表的です。俳句は歌じゃないけれど、芭蕉は旅先で交流しながら、その途中で俳句を作る、ひねる。旅の途中で歌が生まれている。

振り返ると、数多くの例がある。馬に乗って歌っているカウボーイのイメージ、原点は**ウディ・ガスリー**（1912‐67）ですよ。**『ウディ・ガスリー／わが心のふるさと』**という映画（ハル・アシュビー監督、76年）があったけれど、無銭乗車を繰り返している途中で、歌が生まれているんだよね。それがホーボーソング。私は「**さすらい人の子守唄**」（歌はしだのりひことシューベルツ、69年）なんて歌を作ったこともある。これもホーボーソングですよ。さっきの「ホーボーズララバイ」は、**キングストントリオ**が歌っていたのですが、それがあっての「さすらい人の子守唄」なんです。

私は、歌そのものが旅だと思うんです。

子守唄だって、現実から夢の国に行く途中に流れてくる歌ですから。ポール・マッカートニーが朝目覚めたら「イエスタデイ」ができてたっていうのも、夢の国から現実に戻ってくる途中で生まれたんだと思う。

そういう意味では、「**ミンストレル・ショー**」（19〜20世紀米国の大衆的な演劇などのエンターテインメント）のスタイルもそれですね。あっちこっちに行って演奏してまた次の街へ旅に出て行くという、**ミンストレルズ**とか、それをイメージさせる**ニュー・クリスティ・ミンストレルズ**というグループがあったけれど、ああいうのも旅しながら歌っているミュージシャンを想起させた典型例です。そういう生き方を私がしていた。その大先輩が**永六輔**。あの人は東京にいながら、旅に出ながら歌を作っていたと思うんですよ。

●富澤　言ってみれば、寅さんが歌を作ってるみたいなものですよね。

●きたやま　小林旭の映画で『**ギターを持った渡り鳥**』（斉藤武市監督、59年）がありますが、そういう状態ですね。それを忘れてはいけないと思うんです。私の生き方もこの伝統の中に位置づけられるべきだと思う。それを早くから教えてくれたし、可能にしてくれたのがフォークソングです。

▼方法論はない

●富澤　きたやまさんには『**百歌撰**』（ヤマハミュージックメディア、2008年）という本があり、ベッツイ&クリスは、イノセンス系となっています。確かに声が綺麗で、透明感があって素晴らしかったんですけれど、こんなことも書かれているんです。「それぞれの節の最初と最後のフレーズが、同じ歌詞になっているところですね。（略）珍しい形式ではないでしょうか。それが新しかったと思います」。ここに意味とは別の部分で、作詞をするときのスキルがあるんじゃないかと思うんです。

●きたやま　技術と言われると、そんなに意識していたのかってところがある。「技術屋」というのは、習得されてひとつの技法にならないといけないけれど、私には技法がないんだよ。弾みなんだよ。まず私がいいとか、面白いとか感じて、結果的に皆さんが喜んでくれればそれでいいのであって、特にこうしようと思って、これを使って今度は、なんていうのはなかったたね。

だから、方法論がないんです。音楽出版社を作ろうというのもないんです。方法論が必要だから。もし方法論が必要だとなると面倒くさくなるっていうのが、私の生き方だね。

●富澤　でも結果は出ているわけですから。

●きたやま　結果は出ているけれど、全部自分の身についたものであって、方法論ではない。スタジオを作っちゃうとまたそこに戻らなきゃいけなくなる。私の頭の中にスタジオがあって、スタジオが一緒に旅してくれるもんだから、そこに技術もなにもかもがあったんだと思う。それを意識しなくてもそこに入れればよかった。そこにメロディを入れればよかった。この言い方が一番しっくりくるかな。

●富澤　スキルと言っちゃうと、職業が作詞家になりますからね。そういう感じではないですものね。

●きたやま　私の音楽は、人生を生きるための音楽であって、まず人生を生きることが先にある。人生のほうが大変ですよ。それと比べれば歌作りというのはプラスアルファ。人生を生きやすくしてくれるものだとは思うけれど。人生そのものは大変な苦労の連続だと思うんです。うまくいかないですよ。

「花嫁」、ヒットの神髄

●富澤　続いて「**花嫁**」。これは1971年の1月10日に出ています。「帰って来たヨッパライ」があって、「風」があって、「花嫁」。はしださんがシューベルツの次に作った**クライマックス**のデビュー曲です。言ってみれば、はしださんは連発ですよね。「風」が当たって、また違うグループを作って大ヒット。全部詞はきたやまさんです。

はしだのりひことクライマックスは4人組、男3人女性1人のフォークグループでした。

「花嫁」は衝撃的な歌でした。なぜならば、駆け落ちをテーマにしていたからです。それまで駆け落ちをテーマにした歌は、演歌しかなかったんです。テーマ的に暗い駆け落ちは、フォークにはありえなかった。ところが、「花嫁」は、暗いはずの駆け落ちを新しい旅立ちとしてとらえ、爽やかで前向きな歌にしてしまったんです。

特にきたやまさんの詞が光っていたと思います。両親に反対された主人公が、何があっても帰らないと心に誓って夜汽車に飛び乗ってフィアンセの待つ街に向かう。そんな彼女の花嫁衣装は、ふるさとの丘に咲く野菊の花束だけ。このフレーズが良かったんでしょうね。またメロディもよくのっていました。変にべっとりしていなくて爽やかだったんです。かつて駆け落ちというテーマで、これほどまでに爽やかに明るく前向きに表現した歌はあったでしょうか。

「花嫁」では、ジャズドラマーの猪又猛さんがドラムを叩いています。ちょっと走っていますが、つっこんで前に前に行く感じが、花嫁が夜汽車に乗っている感じと似ているし、雰囲気もよく出ていたと思います。結果的に、「花嫁」はミリオンセラーになったわけです。

▼「花嫁」は『卒業』である？

●きたやま　「駆け落ち」と言われましたが、私にも半分そういうイメージがあった。

●富澤　この時代、私は二十歳でしたけれども、花嫁をかっさらって逃げるダスティン・ホフマン主演の『卒業』（マイク・ニコルズ監督、67年）がありましたが、それをにおわせるものがある、そういう感じがしていました。

●きたやま　それは初めて聞いたよ。確かにダスティン・ホフマンの『卒業』のイメージが重なってるね。何度か言ったことがありますが、私の頭の中では母親が嫁いでいく時のイメージだったんですよ。母親が嫁いだ時は、花嫁衣装なんか買える時代じゃなかった。段ボール紙製のスーツケースとトランクが家に3つあったんですよ。それが花嫁道具、嫁いできたときに自分の物を入れてきた。それをイメージして、小さな鞄に詰めた花嫁衣裳とか……母親のイメージなんですよ。

ところが、母は船で嫁いだと思い込んでいたら、そうではなかった。戦後直後の私の母は、網干という兵庫県の田舎出身で、彼女の父が淡路島に出張中で、そのへんの話がごちゃごちゃになって、瀬戸内海を渡っていく花嫁みたいなイメージを作り上げた。全部頭の中で、いろんな断片をつなぎ合わせたものであって、本当にあった話ではないんです。船は、そのうち「夜汽車」になった。そんな置き換えやらがいっしょくたになって生まれた歌です。

でも、どうでしょう、あの人の写真を胸に海辺の街へ、というときの「あの人」はいったいどこに行ったのか、死んだのか？　そういうイメージもあるんだよね。「駆け落ち」とかとみんな言うけれど、実際のところ、「この女」は何者なんだ？っていう、いろんな人のいろんなイメージを引き受けている。

私は、ヒットする歌、みんなに愛される歌の神髄は、いろんな人が勝手なイメージを投影して、感情移入できるということが大事なんじゃないかと思うんです。

●富澤　「命かけて」というので「駆け落ち」につながるんですよね。あと、小さなかばんに詰めた花嫁衣装は、故郷の丘に咲いていた野菊の花束、これは〝地味婚〟になっていていい。

●きたやま　でもこれは、戦争中、戦後直後の私の母親のイメージなんだな。

●富澤　そして夜汽車がいいよね。新幹線だと違ってしまう。

●きたやま　もうここになってくるとフィクションですね。でも、自立する女、ちょうど

1970年ころ誕生した自立する女を描いていると私は思います。

●富澤　自分の意思でいくっていうことですよね。その後1977年に**狩人**の「**あずさ2号**」が出るんですが、これも女性が自分で行くんですよ。あなたから卒業するわけですから。その前にきたやまさんが、すでに書かれていた。

●きたやま　「あずさ2号」って女性なんですか。

●富澤　あなたから旅立ちますって。

●きたやま　女性が主人公の花嫁の歌を作りたかった。あの中に男がほとんど出てこない。そこが清々しいね。

「戦争を知らない子供たち」の女性性

●富澤　きたやまさんというと、避けて通れないのが、**ジローズ**が歌って大ヒットした「**戦争を知らない子供たち**」。

ジローズの**杉田二郎**さんはシューベルツにいたんですが、70年にグループは解散します。そこで杉田さんは**森下次郎**さんと組んで、ジローズを作りました。杉田さんはサイモン&

ガーファンクルのようなデュオグループをやりたいと考えていたんですね。

「戦争を知らない子供たち」は、1971年2月5日発売のジローズのデビュー曲なんですが、この曲じたいは、その前の70年に発表されていたんです。

70年は日本万国博覧会の年です。万博は70年の3月14日から9月13日まで開催されましたが、カナダ館でイベントが行なわれ、そのテーマソングとして作られたのがこの「戦争を知らない子供たち」だったんです。作詞はきたやまおさむさん、作曲は杉田二郎さんで、全日本アマチュア・フォーク・シンガーズが歌っていました。そのライブ盤も出ていたので、この曲はデビュー曲としてどうかな、と杉田さんは思っていたんです。でも、やはり「戦争を知らない子供たち」というテーマ性が鋭いし、ましてや杉田二郎さんの曲でもあるということで、ジローズとしてこの曲を出したところ、一気に火がついてミリオンセラーになったわけです。

なんでこの歌がたくさんの若者の心をとらえたかというと、まず「戦争を知らない子供たち」というネーミングの素晴らしさですね。見事に世代を表現していたんでしょう。その頃は戦前派・戦中派が幅を利かせていました。それに対して戦後世代の主張ですよね。

私も初めて聞いた時、これは俺たち若者の歌だと思いました。当時、「戦後派」と言われてもぴんとこなかった。それが「戦争を知らない子どもたち」だと言われた時、「そうだよね、俺たちは戦争を知らない子どもたちだ」と、自信をもって言えるようになった。この歌はそのように勇気づけてくれました。きたやまさんが書かれた**エッセイ集『戦争を知らない子供たち』**（71年）がベストセラーになったのも大きい。時代から生まれた「時代の歌」と言っても過言ではありません。

今では「戦争を知らない子供たち」を知らない子どもたち、という感じで、親・子・孫みたいな3代にわたってこの歌を歌っている人がいるということも付け加えておきましょう。

▼堂々と「女々しさ」を歌うこと

●きたやま　これもよく言ってるエピソードだけど、「お前たちは戦争も知らないくせに」と言って、私達の言葉や声を封じる人たちが、周りに多かったんです。それに対抗して、「俺達は戦争なんか知らないよ」って言い返したのが、私にとってはとても大きな出来事だったのですよ。というのは、私の親父は軍隊に参加していましたから、家で学生運動なんか見てると「こいつらは戦争も知らないくせに」とか言う。一番酷い言い方は、音楽なんてやってたら「女の腐ったみたいなやつだ」となる。それはもう本当に私たちの口を封じようというか、下に見下した、馬鹿にした大人達が多かった。

例の、酒はうまいしお姉ちゃんはキレイだったと言ったら、神さまに怒られたっていうことですよ。腹の立つ、ああいう「神さま」つまり父親像は、私の父親そのものです。だからそういうやつらに向かって、「戦争なんて知らないよ」、「髪の毛が長くて悪かったね」と言い返した。

ただ、この歌を聴いてみなさん「反戦」だとかおっしゃるけれども、でもね、闘ってないんですよ、この歌い手は。戦争を知らない子どもたちの主人公は、反抗していないんです。「涙をこらえて歌うことだけさ」と言ってるんだよ。

だからこれは「女々しい」歌だと思うんです。私が作詞した**由紀さおり**さんの「**初恋の丘**」（71年）もそうだし、「**花のように**」（**ベッツイ&クリス**、70年）もそうなんだけど、主人公は女です。「**花嫁**」もそう。そこで「女々しさ」というのが、この歌の真髄だと思ってるんですよ。

「女性性」は、「戦争を知らない子供たち」のなかにもある。それまで「女々しい」というとマイナス価値だった。左翼運動も、新左翼運動も、右翼も、みんな「男性的」なものを評価し、「男らしさ」こそが非常に重要であるとした。戦争で重要なのは「男らしさ」ですよね。私はそこまで考えていなかったけれど、この歌がそれなりに評価されているとしたら、それはこの「女々しさ」にある。つまり戦争の時、一番役に立たないものを歌ってるんだよね。

インターネットで調べたらわかりますよ、きたやまおさむは「反日主義者」だとか、あるいは左翼運動の最中にこの「戦争を知らない子供たち」が出てきた時には、「もうみんなで笑ったよ」と書かれている。こんなのでは闘えるわけがない、左翼運動なんか展開できないわけですよ。

その中で、この曲が流れる時になにか面白いことが起きるというのは「女々しさ」なんだよね。「涙をこらえて歌うことだけさ」って言ってる。だから、戦争のときになんの役にも立たないもの、一番否定され馬鹿にされるもの、これを歌にしたことが、私にとって誇りなんだよな。

「花のように」にも、「白い色は恋人の色」にも、そういうものがあるんです。音楽評論家の田家秀樹さんが、きたやまの歌詞の中には「Flower」という言葉がよく出てくるという。たしかに「フラワーチルドレン」とか、「花は平和の象徴である」ということとがあった。それも一つ大きいと思うんですよ。ふたつ目は、日本人は花が好きですよね。「白い色は恋人の色」なんかでも、花が散っていくところが歌われている。これは日本的であるという面もあるけれど、その背後にあるのは「女々しさ」あるいは「はかなさ」を大事にしている国民性です。堂々と「女々しさ」を歌える国って、そんなにないと思うよ。世界中いろんな人たちの歌や主張を聞いているけれど、「女々しく生きよう」という歌はありえないんだよね。

▼これが死んだら大変なことになる

●富澤　「女々しい」からこそ厭戦気分になるということじゃないですか。

●きたやま　でも、「おっとどっこい生きてます」っていう歌でしょ。

●富澤　古関裕而さんから始まって、みんな軍歌を書かされたりしたじゃないですか。それとは全然関係ない文脈で、じつは一番大切なのは、きたやまさんがおっしゃった「女々しさ」ということですね。「反戦」ということでいうと、じつはこれが一番強いところじゃないですかね。

●きたやま　強いのかどうかはわからないけれど、ある意味で私は「炭坑にぶら下がってるカナリア」みたいなもんでね、「これが死んだら大変なことになる」という装置なんだと思う。

親父に「女の腐ったみたいなやつ」って言われた時に、否定しているんだけれども、それを歌う。それを歌にして言葉にして主張する。主張するほどでもないんだけれど、「涙をこらえて歌うことだけさ」っていうのは確かに力があるね。自分の歌のフレーズの中で一番すごいのは、この部分だな。

ここを歌ったことはあんまりないだろう。これは、「カナリアの鳥かご」の中にちゃんと取っておかないといけない。こいつが死んだら危ないんだということ。こいつが否定されて息ができなくなったら、大変むずかしいことになっていくことを、ちゃんと自覚しておかないといけない、警報装置みたいなものです。だから私はこの歌が好きです。

一時期は逃げ回ったこともあった。「戦争を知ってる子供たち」という替え歌ができた時には、本当に憂鬱だったけどね。それは沖縄の状況に合わせた歌で、「戦争を知らないなんて想像力の貧困だよ」と小室等さんにも否定されたしね。本当に一部ではボロクソに言われた歌です。杉田二郎は本当にこの歌をよく歌い続けてくれましたよ。

でも、なんでこの歌が皆さんにこんなにも愛されながら、同時に批判されているかっていうと、これが酷い言い方だけど「女の腐ったやつ」の歌だからなんだよ。だから私は好きだよ。

●富澤　どんな状況でも、杉田二郎さんが堂々と歌い続けているのはすごいですよね。

●きたやま　あいつに、一緒に沖縄に行こうって言われたけど、行けなかったことがありました。

●富澤　これは二郎さんが歌わなかったら、今みたいになってないですから。

●きたやま　そうだね。杉田二郎の声と合っているしね。

●富澤　これはきたやまさんがいつもおっしゃっていることですけれど、戦争を知らない子どもたちを知らない子どもたちを知らない子どもたち……。これが延々と続くのがいいんですよね。

●きたやま　私の言っている「女々しさ」は、「可愛い」と同様に日本人が大事にしているものかもしれない。「女々しい」とか、sissyとか、「センチメンタル」とかっていうのは、諸外国なんかでは一番否定されている心情だと思う。けれど、このことは日本人の誇りとして、大事にしてもいいんじゃないかな。いや、誇れるというほどの積極性はないけど、確信をもっていないとやばいよ、というところですね。

「あの素晴しい愛をもう一度」の心理学

●富澤　次は、永遠のスタンダードナンバー、永遠の青春ソングといってもいい「**あの素晴しい愛をもう一度**」です。**加藤和彦**さんと**きたやまおさむ**さんが作って、お二人で歌いました。71年4月5日の発売です。フォークやニューミュージックのイベントがあると、一番最後に大合唱になる曲があるんですけれども、これが出てくると誰も文句を言わないという感じです。

それにしてもきたやまさんのすごさは、直截的な言葉を使わないでうまく状況を語るところです。この曲でいうと、登場する男女は結局別れてしまったんだけれども、「別れ」という言葉を使わないで、それをちゃんとうまく表現していることですね。押しつけがましさがなく、人の心の中に石をポンと投げこんで、そしてそれが波紋のように広がっていく、そういう歌をつくられています。

▼「横並びでいる」ことのプラスとマイナス

●**富澤**　これもきたやまさんがおっしゃっていることですが、歌のなかの男女は肩を並べている、横並びになっているわけですが、そういう関係性について解説されています。この時代にすでに、そういうことをお考えになっていたんですか？

●**きたやま**　考えてません。何度も言うように、歌のほうが先にあって、後から詞がついただけです。この45年、あるいは50年間というのは、この歌の心理学を考える歴史だったね。だから考えてません。

でも、歌い上げられているのは、**小津安二郎**監督の映画なんかにも何度も登場する、横並びで一つのものをみんなで共有しているというようなことです。日本では、横並びでみんながつながっているというのを強調する時に、「輪」あるいは「和」という言葉が使われるんですね。

横のつながりというのは、家族的なものから出発します。「家族の輪」というのがあり、それがコミュニティに発展していって、この輪が広がっていくことです。これは、個人主義の世界ではあんまり強調されないんですよ。みんながサークルを作るとか、輪を作るということですが、これがよく機能すると、震災などの災害時に非常に役に立つんです。みんな大人しくなって、横のネットワークでお互いに自粛したり、規律を守ったりする。だから評価されるんです。

しかし、これが厄介な問題を作ってる面も忘れてはいけないとは思っています。これは精神科医としての意見ですが。

●**富澤**　それはどういうことですか？

●**きたやま**　この輪の中に参加できなかったら排除されますから。つまり、みんなが作る日本人の輪は一見良さそうなんだけれど、非常に排他的。これに入れてもらえないと、つまり外国人だとか、おかしな人とか、あるいはちょっと変わった人間だとか、多動の子ども、空気を読めない人間だとかは、ここの中に入れてくれないんですよ。

だから「こわいよ」って言ってるんです。この日本では、そういうものがすごく働いていますから。外国人なんかは、なかなか入れてもらえない。似た者同士が作る輪、身を守るための装置、あるいは共同体の知恵みたいなものがありますよね。

『**夕鶴**』（昔話をベースにした木下順二の戯曲）の例を挙げて説明すると、「与ひょう」のために機を織ってくれていた「つう」が鶴だということが露呈すると、バレてしまった人間は排除されるのです。輪はそういう連絡網みたいなものです。それがSNSなんかで機能してしまう。「だれだれ君を排除しましょう」と、伝言板みたいなもので回ると、排除されちゃいますから。

そのことに気がつかなきゃいけませんよ、と言っているわけだけれど、この歌はそれが壊れる瞬間を歌っているんですよ。だから3番ができて、4番が作られるとしたら、今度作られる「輪」には、「女の腐ったやつ」を入れてもらいたいね。

●富澤　「あの素晴しい愛をもう一度」は、なにかのイベントの時には必ず皆さん大合唱になる、それが当たり前のようになってるんですけれど、今おっしゃったことにつながりますね。全員がこれを歌っているというのは、横並びで歌ってるわけですよ。

●きたやま　その場を象徴しているんですよね。でも危ういものですよ。さっきも言ったように、(人と人の関係が)「切れる」わけです。特に1970年に切れた。その歌がヒットしたのが71年くらいだったけれど、なんで「切れた」かというと、同じ文化を家族で楽しまなくなっちゃった。子どもはトランジスタラジオやらなにやらにうつつをぬかしてフォークやロック、母親は韓流ドラマ、そしておやじはプロ野球を観てるみたいな、みんなバラバラなものを愛し始めた。その後、ウォークマンが登場して、コミュニケーションをさらに切っていく時代がくる。その背後には、価値観が多様化する時のバラバラ感があるんじゃないのかな。

●富澤　ちょっと考えさせられる話ですね。

●きたやま　私はこれについて50年間考えているから。

いまのコロナの状況なんかで、たとえば今こうやってオンラインで皆さんとの輪があるわけだけど、誰も横にいないんだよ。私たちは同じ画面を見ながら、お互いにリアルなサークルがあるのかっていうと、皆それぞれバラバラなんです。かつて文化は、たとえばふたりでコンサートに行って横に誰かがいる、あるいは知らない人が横にいて一緒に歌う、そういう横のつながりが成り立っていた。それがライブハウスだとか、劇場なんかの喜びだったと思うんだよ。で、コンサートが終わったら帰りに宴会をやったり、食事に行ったりして楽しむわけだけど、いまは横のつながりが切れている。コロナ禍で聴くと、さらに考えさせられるものがありますね。

「さらば恋人」の深層

●**富澤**　続いては、**堺正章**さんに書いて、71年（5月1日）に出て大ヒットした「**さらば恋人**」。最近亡くなられた作曲家の**筒美京平**さんときたやまおさむさんがコンビを組んで作った歌です。二人ともすごい才能ですけれども、新しい歌が生まれたという感じですね。「さらば恋人」は、出だしからかっこいい。「さよなら」と書いた手紙をテーブルの上に置いて、男はどこかに行っちゃう。なんでそうなるかと言いますと、幸せすぎたのにそれに気づかない二人だったから。「**青年は荒野をめざす**」（68年、小説は67年）という歌をフォーク・クルセダーズが歌っていますが、これは五木寛之さんが書かれたものです。やはり荒野に向かって行くんだという感じですね。

先ほど紹介した「風」も一人旅に出ている感じですが、なにか旅に出ることをかき立てるものがあるんですね。そしてこの歌では、彼女を置いて行ってしまう。悪いのは僕のほうで、君じゃない、となる。「だったら行くな」という感じもありますが。このところを、カラオケでよく歌いましたね。「悪いのは君のほうさ僕じゃない」と歌うとウケるというね（笑）。ともあれ、なぜ「さらば」なのか、深い男の想いとか意志があるのではないか、ということを考えさせられる曲です。

▼違和感

●きたやま　結局、筒美京平さんにはお目にかからないままなんです。
●富澤　当時から大ヒットメーカーですよね。
●きたやま　アレンジまで作ってきましたよ。氏のピークの時代に作らせていただきました。
●富澤　「曲先」（曲が先にできていて、それに詞をつけること）ですか？
●きたやま　ほとんど私の曲は曲先です。
●富澤　プロの作曲家として筒美さんはどうでした？
●きたやま　「じゃあ、アレンジまでやってきます」みたいな感じでした。有名なイントロのアレンジがもうできていましたからね。そういう意味では、プロだなあと思いました。
　詞の作り方ですけれど、私の信条として歌いながら作るというのがあります。加藤和彦とか杉田二郎との場合は、「交流」しながら作ったわけですから。そうすると本当に自分で歌いながら作れた。ところが筒美京平氏との場合は「交流」して作っていない。つまりこの場合、先ほど申し上げた「セルフマネジメント」だとか「インターコース」がない。そこがちょっと不満だったんですよ。

「故郷」っていう言葉を入れてくれませんかとかディレクターが言っていました。そういう、いわゆる売れるために作るやり方です。筒美さんの最近の記録を見ると、まず売れなきゃ話にならないんだ、ということでしたよね。それがプロですよ。売れるためにもいい曲を作る。

私はそうじゃないんだよ。まずは二人の間に「交流」がないとダメなんだと言ってるように、真逆ですからね。でもこれは仕方がない、原点が「帰って来たヨッパライ」ですから。まずは300人に作ったけれども、300人が買ってくれなくて100人に売れて、というふうに作ったのが原点の人間と、最初から30万人や300万人のために作っている人間とは、そこでメンタリティが違う。向こうのほうが、さっき言うところの技術がある。才能もあるかもしれないけれど技術もあるんですよ。

●**富澤** でも、結果的に180度違う二人が組んで、化学反応が起きて、大ヒットになったんでしょうね。

●きたやま　そういうことなんでしょうね。そういうふうに言っていただけるんだけれども、どうなんでしょう。多くの人に愛されてるというのは嬉しいよ、大変な喜びがそこにもあるんだけれど、しかし、申し訳ないがここには作る喜びがなかったね。

贅沢ですね。筒美さんにお目にかかってもいないのに感謝してるっていうのも、なんかちょっと妙な言い方だからね。そういう意味じゃ、私がこの歌あたりで、マスでの歌作りから少し引いていくんですよ。それが25歳ぐらいの時に起きたんですね。

●富澤　オファーするほうとしては、ベッツイ&クリスからきたやまさんが全部当たってきているということで、じゃあ、きたやまさんに売れる歌を書いてもらいましょうということで、たぶんオファーとなったと思うんですよ。そして筒美さんと組まれて、「さらば恋人」がまた売れちゃったんで、オファーが続いた。その時にはきたやまさんはもう勘弁だという……。

●きたやま　もうネタ切れって感じがあった。ネタギレというよりも、やっぱり作る喜びを失っていくんですね。その時の例としてこの曲を出すのは、堺正章さんに対して非常に失礼なことなのでね。本当にこれは申し訳ないんです。

でも堺さんにも「すみません」と言いながら、確かちょっと後に**森進一**の「**襟裳岬**」

（**吉田拓郎**作曲、74年）がヒットするんだよ。私としては、なんでこんなにも歌謡曲に対抗する形で伸びてきた人間（吉田拓郎）が、なんで森進一さんに歌ってもらうんだみたいな、青臭い思いが私にあったし、私の周辺にもあった。それまでの対立項だった、いわゆる「浜口庫之助さん的なもの」対「田舎のバンド」という対立の構図が、私には面白くなくなっていく。それがお互いに手を結ぶようになってきましたから。

●**富澤**　本来はＶＳですからね。74年に「襟裳岬」がレコード大賞、75年に**小椋佳**さんの「**シクラメンのかほり**」がレコード大賞、ここで変わりました。

●**きたやま**　ほんとうに裏話なんだけど、一時期、日本のグラミー賞を作ろうということで、集まった時代があった。レコード会社のお手盛りで大賞が決まっていくっていう流れ、あるいは売れることが大事、そういう流れよりも、「日本のグラミー賞」を作ろうと。グラミー賞は音楽ジャーナリストで作られているでしょ。そっちにしようということで集まったんだけど、意見がまとまらなかったんだよ。やっぱり売れることが大事なんじゃないの、みたいな話になって。小田和正さんが一生懸命やったんだよ。

●**富澤**　1回やったんじゃなかったでしたっけ？

●**きたやま**　実際、1回ぐらいやったかもしれないけれども、小田和正さんと何人かで歌ったレコードができた（1985年6月1日発売「今だから」小田和正、松任谷由実、財津和夫）。それが日本だと思いましたね。

▼名アルバム『題名のない愛の唄』

●**富澤**　「さらば恋人」のあと、きたやまさんが引退ということになりました（この「引退」についての経緯について、第3章で話すことになります）。

その後、きたやまさんがロンドンに留学されているとき、杉田二郎さんがロンドンに行って、『**題名のない愛の唄**』（75年）というアルバムを作りました。これはいいアルバムでした。私も東芝音工のスタジオに行きました。当時「視聴会」ってあったんですよ。二郎さんが来られて、われわれが呼ばれて、そこでアルバムを聴いたんです。「**男どうし**」も入っていたし、「**積木**」「**題名のない愛の唄**」もあった。私はこれらを聴いたときに震えましたね。「男どうし」はまったく男どうしそのまま、「積木」はこんなに深いラブソングはないと思いました（どの曲も作詞：北山修、作曲：杉田二郎）。

「**男どうし**」（75年9月20日発売）の中に、「友情はこわれないと　むきになってさけびたいこのごろだ」というフレーズがあります。学生のころ、そういえばむきになって「友情はこわれない」と叫んでいたものです。それが今またふと叫びたい気持ちがするのはなぜでしょうか？

仕事で疲れたり、いろいろなトラブルがあったりするからでしょうか……。いや、そんなことはないと思います。時の流れがそうしているのだろうと思います。自分のことを考えてみれば、傍らには妻がいて新聞を読みながら「物価が高すぎる」などと言っています。風の便りによれば、故郷に帰ったあいつも結婚して子どももいるという。みんな今ではそれぞれ状況が違い、それぞれの生活を持っています。ふと彼らに会いたくなることがあります。

「男どうし」には、男の友情は決して壊れはしないという強い響きが込められています。

私たちは今の自分の生活を守らなければならないということを知っています。それを知ったうえで、友情の再認識をしたいと思っているのです。「昔のように話し明かそうよ」とこの一言に尽きると思います。私は今、昔のたくさんの友だちに会って話をしたい気持ちでいっぱいです。会って思い出だけに浸ろうなどとは思ってはいません。むろん、話のとっかかりとしては思い出から入ることになるでしょう。しかし、それがシビアな話の導入部になるかもしれないのです。お互い、まだ若いときに知り合って、大人になってもう一度会ってから何かを得ることができればこんなにいいことはありません。

かつての友だち同士が集まり、そこから何か新しいことが始まるかもしれません。だからこそ、たまには会って、お互いにカツを入れ合うのも大切だと思います。

おれとお前は友だち──甘い言葉かもしれません。甘い言葉かもしれませんが、友情は壊れないとむきになって叫びたいこのごろだ、ということもまた事実です。

▼「積木」と「題名のない愛の唄」のすごさ

●富澤　もう一曲。破局が来るまで男は本当に〝悪かった〟とは思わないものです。破局という大きな代償を払って自分の非を初めて知るのです。そんな男のバカさかげんと、それに対する女のいじらしさを、「**積木**」は見事に表現しています。
ふたりの生活は、ひとつひとつ積み上げていく積木のようなもの。あるとき、男は頭にきて、やっと積み上げた積木をあっという間に壊してしまう。それでも女はいつも黙って積み上げてくれました。そんなとき、女がどんな気持ちで積み上げているのか、男にはわかりません。だから、同じことをくり返すことになるのです。

「ナイフのような言葉のかけら」──これは言葉というものがどのくらい有害であるかを

物語っています。人間にとって自分の意思を伝えるのは言葉です。しかし、それだけに言葉はよほど気をつけて使わなければ〝ナイフのように〟鋭く人を傷つけてしまうことになります。おそらくそんな言葉のひとつひとつが確実にふたりの間のギャップを深めてしまうのでしょう。

そして、この歌のハイライトは、疲れるだけの議論の果てに〝積木の城〟はくずれた、ということです。ここには深い意味があります。

ケンカしているときの精神状態は異常で、感情が理性の先に立っているから、ふだんは理性で抑えられているはずの言ってはいけないことまでも平気で言ってしまうものです。だいたい、そんなときに口をついて出てくる言葉というものは、ふだん思っている〝本音〟で、だからこそ、口に出した瞬間、よけいに相手の心を傷つけてしまうことになるのです。

その結果、男のわがまま、身勝手な言動が時として女をいたく傷つけ、そんなことをくり返しているうちに本当の破局はやってきてしまうのです。そうなってからでは遅すぎる、ということを「積木」は教えているのです。

●きたやま　おっしゃる通り男の暴力性を描いており、その取り返しのつかない破壊のこわさを身にしみて感じてた頃です。「積木」は、本当に皆さんから共感的に迎えられた歌でしたね。

●富澤　「題名のない愛の唄」の肩から腰へと流れる体の線。これはすごくエロくていいなと思いました。いいフレーズが出ましたね。

「風」のときに言いましたが、「さみしい」という言葉を使わないで「ただ風が吹いている」というフレーズに凝縮させました。それと同じように、セックスを具体的に言わないで「肩から腰へと　流れる体の線に　手をかけて　ひきよせた」と表現することで、セックスへの妄想をたくましくさせる。これほどエロいことはありません。これぞ大人のラブソング「熟恋歌」ではないでしょうか。きたやまおさむ、恐るべしです。

▼心の中にも心の外と同じぐらいの広がりがある

●きたやま　このアルバムを作ったとき、私自身がロンドンで精神分析を受けていたんですよ。心の深層を言葉にするという治療を受けたんです。私にとっては、かなりの出来事が過去にあったわけで、私の人生は、ある意味でズタズタに切り裂かれていたという面もあった。挫折感もあった。人に追いかけ回されることで本当にプライバシーがなくなったりもした。ポッと出の兄ちゃんが、スポットライトを急に浴びて自分を失ってしまい、本当に自分を取り戻すのに必死だった。自分を取り戻すには、海外に行って精神分析を受けなければならない、そういうところまでいったんだと今では思います。

そうやって精神分析と出会った。いま、コロナの状況で強調しておきたいんだけれど、心の中にも心の外と同じぐらいの広がりがある。大事なものもある。心の外に合わせたり、その要求に同調したりする必要はない。心の中を旅するのも大事です。そこを旅するだけで、そこから歌が生まれる。心の中に「スタジオ」があった。そんな心の中のことが言えるのも、精神分析との出会いのおかげだと思うんですよ。

そういったものと出会ってからは、そこから発信してみようと、今度は意識して書いたんだと思うよ。杉田二郎がロンドンまで来ましたからね。新田和長さん（フォークグループ出身で、東芝音工のディレクター）なんかも来てくれて、昔のメンバーが来てくれた。本当にありがたい出来事でした。

●富澤　あの時は、二郎さんも山にこもって、それから再出発でしたものね。

●きたやま　そうです、そうです。だからみんながもう一度やり直す。

●富澤　このアルバムは、いま聴いてもすごいですよ。

●きたやま　私にとって、振り返った時に大事にしたい出来事でしたね。いろいろ思い出しますね。やっぱり歌があるおかげで、その時代のことを思い出すことができる。歌があるおかげで、その時のことが記録されているわけですね。歌が流れるだけで、その時代のことを思い出すじゃない。記憶や体験が、歌とともにあるんだよね。

みなさんもそうだと思うけれど、作り手も、そうだから。今このコロナ禍でも創作活動をやっているとか、レコーディングをしているだとか、歌を作っているだとか、日記をつけているとか、全然発表されない歌であっても、発表されない日記であってもいい。あるいは、この時期この本を読んだとか、なかなか映画館に行けないからこの時期に映画を観たとか、そういうようなことを記録してる人は豊かですよ。

ただ自粛して、仕事をこなしているだけだと、この時に何をやってたんだ、どこに行ってたんだというのがないから、心の中の世界を広げられない。コロナ禍の1年間、何をしていたかちっとも思い出せないのは、この心の中の対話を言葉にしてないからなんだよね。それを記録していると、心の中で宇宙旅行をしてたとか心の中の海底旅行をしてた、とちゃんと語れる。心の外だと、どこにも行ってないと、確かにこの間事実がないので旅の日記がつけられないけれど、心の中の日記になら、心の旅日記ができるんだよなあ。そういう意味では、歌っていうのはありがたいね、心の中の日記帳みたいなものだからね。

「赤い橋」と「死」

●**富澤**　この章の最後は**浅川マキ**の「**赤い橋**」。１９７２年3月5日発売。これも詞がすごい。「赤い橋」というのは、不思議な橋がこの町にあって、渡った人は帰らないというもの。最初聞いた時に「こわい」と思いました。それで、失礼かもしれませんが、寺山修司が詞を書いたと思ったんです。でも、書いたのはきたやまさんなので、びっくりしました。

この詞の奥にあるものは、いったいなにか？　これは言ってみれば反戦歌なんです。橋を渡って行ってしまう人は亡くなってしまう。後戻りはできない。声高に戦争反対とは言わないものの、「赤い橋」に託してきたやまさんが反戦歌を書いたということです。いまでも充分リアリティがあるのではないかと思います。私はすごい歌だと思いますね。

浅川マキさんには、マニアックなファンがたくさんいて、ブルースシンガーとしてすごいんだけれども、これだけの歌を歌える人はいないと思います。それだけにすごい歌ができあがった気がします。

▼「死」をうたうことの難しさ

●きたやま　山崎ハコさんが最近歌ってくれていて、それも名唱なんだけど、この歌を歌えるシンガーは限られちゃいますね。単純な歌詞の繰り返しなので、よっぽど表現力のある人じゃないと歌いこなせないと思うんです。誰かにカバーしてもらうのを楽しみにしてたけれど、一番カバーしにくい曲ですね。

それともう一つ難しいのは、「死」が題材だからです。私にとって、確実に渡った人は帰れない世界というのは「死」です。「**帰って来たヨッパライ**」もそうだし、フォークル再結成の時の「**感謝**」（２００２年）もそうです。「**千の風になって**」（秋川雅史の歌唱でヒット、新井満の訳詞）の前から、私は「死んでからの歌」あるいは「死ぬ時の歌」を作るのが重要な仕事だと思っていたところがある。

心の旅の歌として、出発の時の歌はいっぱいあるけれども、到着の時の歌はないんですよ。到着の時の歌がなぜないのかというと、思春期青年期が出発の時だからです。思春期青年期の歌は「**出発（たびたち）の歌**」だとか「**なごり雪**」だとか「**木綿のハンカチー**

フ」だとか「いい日旅立ち」とかいろいろあるし、旅の途中のことは松尾芭蕉の俳句もそうだし、「風」もそうだし、カール・ブッセ（山のあなたの空遠く…）もそうで、これもある（詳しくは第2章参照）。問題は、たどり着く歌、目的地に着いたという歌がない、ということ。

それをなぜかと考えると、人生の「目的地」ではみんな死んでいるからです。死んだ時、歌は歌えないいんだよ。でも「帰って来たヨッパライ」がある。空想と想像力をたくましくしたら、この瞬間の歌が最期の歌として残っているよね。

本当は、そこは無であり、静寂っていうか、何も聞こえてこないいんだと思う。音楽関係者の多くは、死ぬ時にあの曲を聴きたいとか、こういう歌を聴きながら死にたいとかって言うけれど、絶対その通りにならないからね。私は実際のケースを知っている。「この曲を聴きたい」と言ってた人間たちが、死ぬ時になったら、「うるさいからやめてくれ」って言うんだよ。

そりゃそうだよね、うるさいよ。私も坂崎幸之助に言ってるんだけど、「ホテル・カリフォルニア」の中のコーダ、あれを聴きながら死にたいと思う。だけど、たぶんうるさくて聴いていられないだろうと思う。

だから、死の歌はありえないんですが、そこを笑って歌にしたのが「**帰って来たヨッパライ**」だね。考えられない発想ですね！　日本で初めて死者の、死んだやつの歌を書いたんだよ。それが後にも先にも、最後かもしれないし、あれをお葬式の時に流してくれって言った人を何人か知ってるけど、葬式には合うかもしれないよ。なんか聖者の行進みたいで。

死については、笑って話をするしかないんだけれども、その対極にあるのが、この「赤い橋」。

●**富澤**　いつかきっと私も渡るのさ、という言葉、これが効いてますね。最後は自分もイメージするしかないわけですから。

●**きたやま**　私もこの橋を渡ったら帰ってこない。

●**富澤**　それはいつか自分の番が来るってことですから。それがいつかわからないというところが……。

●**きたやま**　それが面白いところだよ。人生で一番面白くて苦しいのは、死ぬってわかっていながらいつ死ぬかわかってないこと。だから私たちは歌を作る、という説があるんだよ。なんでアルタミラの洞窟に、古代人は絵を描いたのか。それは、人間は死ぬっていうことがわかっているから、何か残したいんだと。それで、絵を描いたり、歌を作ったりするのは、死ぬってことがわかっているからだって言う人がいる。まさしくそうだろうと思うね。もし死ぬことがなくて、富澤一誠とは明日もあさってても会えて、来年もまたその次も会わなきゃいけないとなると、本なんて作る気しないよ。この企画なんて、もうすぐ死ぬから成り立っているようなもので。死ぬ前に作りたいんだよ、みんな。

●富澤　終点がなかったら、なにもやらないと思いますね。

●きたやま　限界があるから、人は今この瞬間を楽しむんだよ。ありがたいんですよね。

●富澤　でも一生懸命生きれば生きるほど、死に近づくっていうのも、矛盾してますよね。

●きたやま　そんなことはないよ。一生懸命生きれば生きるほど、生き生きとしてきて、ちょっとだけ死が遅れるんですよ。遅くなってるよ、この瞬間。だって今日何もなかったら、ひょっとしたら死んでいたかもしれないけど……。

●富澤　ということは、「一生懸命生きる」ということですね。

●きたやま　「旅」を続けるしかないんじゃないかな。

「間（あいだ）」でオリジナルは生まれる

●富澤　私もきたやまさんと何回もお話をさせていただいて、きたやまさんの本もたくさん読みました。それで、きたやまさんのことがわかったような感じがしていたけれども、今日お話ししていて新鮮な話がいっぱいありました。結局「俺ってなにもわかってなかったんだな」というのが、また楽しいですよ。

●きたやま　それは、一誠さんという人が器になってくれるからこそ「交流」が生まれるんです。いつも言っていることがここでも起こっているのだと思う。私が歌を作れたのは、あるいはこういう話ができたのも、やっぱり受け手次第。私の歌をどういうふうに受け止めてくださったかで、私の中から生まれてくるものが違ったりもするんだよ。

最初の「帰って来たヨッパライ」の話に戻りますが、印税を考えてなかったというところが重要だと思う。印税のために書いたわけじゃなかった、100人の目の前にいるファンのために書いた、というのが原点でしょ。だから今日もあなたが聞いてくれたから、こういう話になっているんで、違う人が聞いたら生まれるものが違うと思うんだよね。

私はいつも歌麿だとか北斎だとか浮世絵を見て思うのは、あの人たちは印税なんて全然考えてないで描いているみたいだよね。盗作はするし、似たような絵柄が売れればどんどん同じようなものを作っていく。版元の蔦屋も、一体どういう計算で本人に還元していたのか。つまりオリジナリティはどちらにあるか、という発想はなかった。むしろ購買する側にもオリジナリティがあるんだと思うんだよね。大衆が作家をして作品を作らせしめる要素があると思う。

それでは、オリジナリティというのはどこにあるかというと、オリジンは「間」（あいだ）にある。つまり、富澤一誠と私との「間」にオリジナルが発生する。これは、出発地と目的地との「間」で歌詞を書くというところと一緒じゃないかと思う。だから自分の中に「受信機と送信機」を持っているけれど、誰かがここに送信してくれなかったら、私は受信して送信ができなかった。

「帰って来たヨッパライ」の場合は、最初に買ってくれた100人の人たちが私の頭の中にあったんだと思うね。プロデューサーとしては、このところが大事なことなんだと思うよ。だって、この人に会わなかったら、この時代に出会わなかったら、こんなことは起きなかったんだもん。これがひとまずの総括です。

▼深層心理学の方法

●**富澤**　ひとつ伺いたいことがあります。きたやまさんは精神分析家のお仕事をもう50年近く続けていらっしゃって、何かその中で習い性といいましょうか、人の歌を聴いたり、詞を読んだ時に、その詞や作者を精神分析してしまうということはあるんでしょうか？

●**きたやま**　まず、マスメディアでは「精神分析」という言葉はほとんど使ってないんですよ。「深層心理学」という言葉を使ってもらいたい。私は何の専門家というと「深層心理学者」なんです。ただ一般的に使われてないので、「精神分析家」と言われてしまいますが、それでは「分けること」ばかりのイメージになる。英語でいうとデプスサイコロジー depth psychology、深層の心理学なんです。あるいはメタサイコロジー meta psychology ともいいます。

ただ、この学問を実践してしまうと楽しくなくなっちゃうんですよ。例えば、ヒットした歌についてこういう話をすると、「なるほどな」ってことで終わるんだけれど、もしこれが最初からわかっていたら、「これは死の歌」だとか、「これは母親のなんとかで」というのがわかってたら、面白くなくなる。作り手も作らなくなってしまう可能性があるんだよ。

映画もそうですよ。こうこうこういう意図があって、こういうのが面白いんだみたいなことを最初に聞くと、映画がなんか面白くなくなりますよ。購買者のレビューというのを先に読んじゃうと、中身は面白くなくなる。やっぱりまずは映画を観なきゃ。例の「ネタバレあり」って書いてあるやつですね。今回は最後なので「ネタバレ」みたいなことを話したわけ。

だから、今おっしゃったようなことは、充分に楽しんだ後にやればいいんだと思う。私は自分の音楽について何度も考えてきたことがあるから、聞いてもらえるのは嬉しいし、この聞いてもらえるという仕事も創作活動みたいなところもある。しかし作品作りの前に、作品について、いちいち深層心理学的な分析をしても面白くなくなるだけです。

だから最近、私がなんで作詞ができないのかというと、深層心理学的分析をやりすぎたおかげかもしれない。ちょうど75歳で、終わるにはいい時なんですけれども、「なぜ走るのか」なんて問いの心理学的な答えを求めたら走れないですよ。正解は「そこに山があるからだ」、みたいなものですからね。

●富澤　ということは、きたやまさんが作詞家になって詞を作るとき、あるいはリスナーとなって他人の歌を聴く時は、深層心理学者のスイッチを切っている？

●きたやま　だって、楽しんだのちにその楽しんだ体験を分析するという順番じゃないですか。最初から楽しむ理由を、あるいは意味を見つけてから楽しむことはむずかしいと思うよ。人生だってそうじゃない。人生もようやくこんなふうに踊ったらいいんだということが、こんなふうにやったらいいんだということがわかった時になったら、もう遅いんだよ。人生が先にあって、その意味は後から考えるもの。最初からわかるのはただつまらないだろうな。

第2章 「旅の歌」の思想——「終着駅」が見えないから面白い

——ここではまず「旅の歌」について、きたやまさんのお考えを、いわば「基調講演」のようなかたちで開示していただきます。それをベースにして、富澤さんと旅と歌、その思想、人生などについて議論していただければと思います。

なぜ「旅の歌」が作られたのか?

●きたやま　芸能と少し理屈っぽい話を同時にお届けできるのは、嬉しいことですね。遊びと人生論は、両方同じところにあってもいいはずのテーマなのですが、あまり実現しないので。

かつての「深夜放送」というものが、そういうものでした。音楽をかけながら、人生とか、世の中のことを語り合った、そういう番組がありました。今でもありますけれども、それが時代の中心にあった、若者たちの文化の中心にあったことが懐かしい。今回もそれをやれたらと思います。

旅をしながらものを書いたり、歌を思いついたり、歌いながら考える、そういうことが60年代70年代にあったと思います。「ながら族」というふうに、当時は言いましたけれども、勉強しながら音楽を聴いたし、勉強しながらラジオを聴いてバカ話にうつつを抜かしたみたいなことがありました。そういう「あれとこれ」とを両方やる。それを親達は、「あれをするか、これをするか、どっちかにしなさい」と叱るわけです。「遊ぶのなら遊びなさい、勉強する時は勉強しなさい」。

でも、両方同じところにあってもいいじゃないかと私はずっと思っていました。そういう生き方をしてきた、そういう人生だったと私自身は今でも思うのです。それを決定づけてくれたのは、この60年代70年代にかけて爆発的に作られたと思うのですが、人生を旅にたとえる歌、旅としての人生の歌なのです。

▼60年代の旅の名曲

たとえば**永六輔**さんの作詞で「**遠くへ行きたい**」という歌がありました。これは1962年、私が10代に入った頃の愛唱歌だったのですが、どこか遠くへ行きたい、という歌。これは今でも愛されている楽曲だと思います。

それとか、**ザ・ブロードサイド・フォー**が歌った「**若者たち**」。藤田敏雄さんという方の作詞です。君のゆく道は果てしない、でも若者は歩き続けるという内容で、1966年。これを歌いながら皆歩いたものです。仲間の多くが、これを歌いながらデモ行進もしました。

なんでこんなに同時発生的に歌が旅の歌になったか。もちろんその前から旅の歌はあって、**三橋美智也**さんとかが歌っていました。1960年代になりますと、旅ブームが起こったのです。新幹線が走り出して、やがてそれは海外旅行ブームになっていった。現実に旅が増えて、鉄道会社が旅を応援するようになり、宣伝した。それがひとつです。

それともうひとつ重要なのは、1960年代に多くの人達が青年期に達した、思春期から青年期を迎えるようになったことです。青年期というのは、家を出て旅に出る時だと、世界中の方達がおっしゃっている。「ワンダーフォーゲル」、まるで渡り鳥のように知らない土地に行って、見聞を広げる。結構多くの若者が、この思想で旅に出ました。「見る前に跳べ」とか、「若者よ旅に出よう」とか、あるいは「青年よ荒野を目指せ」とか、「書を捨てよ」とか、大人たちは私たちが旅に出ることをそそのかしたんです。

そしてもうひとつ1章でも話しましたが、フォークソングとかアメリカの音楽で「ミンストレルショー」、吟遊詩人の思想もそうです。旅をして、そこで演奏してまた旅に出る。その旅の途中で歌が生まれ、音楽を練習して、また土地に行って演奏会をひらく。だから歌は旅で生まれる。その流れで、多くのミュージシャンが旅の歌を世に送り出すようになったのです。

▼60年代後半から70年代にかけての名曲

60年代後半から70年代にかけて、いろいろ名曲が生まれています。**五つの赤い風船**というグループが歌った曲「**遠い世界に**」(作詞・作曲：西岡たかし)は1969年。先の「若者たち」を作った藤田さんという方の作詞で「**希望**」(歌：岸洋子、作曲：いずみたく、70年)という歌もあります。これは多くのシンガーが歌っていました。この希望は、「あなた」をたずねて目的地に着いたら、あなたは出発していて後の祭りだったという歌なのです。なかなか希望にはたどり着かない、これも人生の歌です。

70年には、**かまやつひろし**さんの「**どうにかなるさ**」（作詞：山上路夫、作曲：かまやつひろし）もありました。

71年は、小室等さんが作曲して、**上條恒彦**さん（**＋六文銭**）が歌っておられた「**出発（たびたち）の歌**」（作詞：及川恒平）。これはまさしく私たちが旅に出る時を迎えたのだということを歌い上げています。

同じく71年には、「**花嫁**」があります（第1章参照51頁）。はしだのりひこ作曲で、私が作詞。またこれも71年の作品で、私の作詞、**堺正章**さんが歌ってくれた「**さらば恋人**」（作曲：筒美京平、第1章参照68頁）。さよならと書いた手紙、黙って外へ飛び出した、という「さらば恋人」という場面。私たちの青春の決別の歌のような感じです。

72年は、テレビドラマ「木枯らし紋次郎」の主題歌で**上條恒彦**さんが歌った「**だれかが風の中で**」（作詞：和田夏十、作曲：小室等）があります。ドラマの「紋次郎」（中村敦夫主演）と同じように、旅から旅への連続で、落ち着き先がない、着地点がない、たどり着かない歌です。でも、どこかで誰かが待ってくれているんじゃないかということを感じさせてくれる歌なのです。

同じく72年の、**モップス**が歌う「**たどり着いたらいつも雨ふり**」（作詞・作曲：吉田拓郎）。タイトルの通り、たどり着いたらいつも雨降りなんです。荒野を目指して晴れた空を目指して行くのですが、いつもたどり着かない。

73年、**チューリップ**「**心の旅**」（作詞・作曲：財津和夫）。これはすごいですよ。ポケットにあの娘を詰め込んで出かけようと。ここまで歌うかという旅の歌です。

私の親友、**山本コウタロー（とウィークエンド）**の「**岬めぐり**」（作詞：山上路夫、作曲：山本厚太郎、74年）。これは、バスで半島をずっと回り続けている歌です。

なかなか面白いと思うのは、最初はどこか遠くへ行きたいという歌や、70年代の最初の頃の旅は、海外旅行だったと思うんですが、だんだん国内旅行になっていくんです。「**なごり雪**」は伊勢正三が作って（作詞・作曲）、**イルカ**が歌った（75年）名曲ですが、これは国内ですよね。

ユーミン「**ルージュの伝言**」（作詞・作曲：荒井由実、75年）は、あの人の家族に会うために汽車に乗り込むという歌です。

それから「**時代**」（作詞・作曲：中島みゆき、75年）の**中島みゆき**さん。これは人生の広がりを歌って深いです。今日も旅人は生まれ変わって歩き始める。これもたどり着かない歌です。

アリスの「**遠くで汽笛を聞きながら**」（作詞：谷村新司・作曲：堀内孝雄）は76年。77年には**狩人**の「**あずさ2号**」（作詞：竜真知子・作曲：都倉俊一、77年）。これは名曲です。

さて一番皆さんが今でも覚えておられて、耳にする曲は**山口百恵**さんの「**いい日旅立ち**」（作詞・作曲：谷村新司、78年）ですね。最近朝日新聞で、「旅の歌」についてアンケートをとってもらったのですが、この曲が人気1位でした。

歌謡曲も入れると、1969年「**長崎は今日も雨だった**」（**内山田洋とクールファイブ**、作詞：永田貴子・作曲：彩木雅夫）、69年「**港町ブルース**」（**森進一**、作詞：深津武志、補作詞：なかにし礼・作曲：猪俣公章）、74年「**襟裳岬**」（森進一）は吉田拓郎の作品（作詞は岡本おさみ）です。私が歌謡曲のなかで一番好きなのは、上野の駅の光景から青森へと連続していく「**津軽海峡・冬景色**」（**石川さゆり**、作詞：阿久悠・作曲：三木たかし、77年）。編曲がドラマチックで、盛り上がりが最高ですね。

▼きたやまおさむの旅の歌

私たちが歌った旅の歌も挙げましょう。私は**フォーク・クルセダーズ**というグループに所属していたのですが、ここでデビューしました。このフォークル体験も、求めていたものがなかった、というものでした。マスコミにデビューして、「**帰って来たヨッパライ**」(67年)を歌えということで登場するわけですが、あんな曲5回も歌えば飽きてくる。それが、10回、100回、1000回近く歌ったかもしれない。そうすると、もう帰りたくなってしまいました。そんな体験をも重ねて「帰って来たヨッパライ」を思い出すのですが。これは天国に行って、追い出される現実に目覚めて、戻ってくる歌。取り返しのつかない天国体験だったみたいな話です(第1章16頁も参照)。

それから、**五木寛之**さんの作詞で**加藤和彦**が作曲し、私たちのグループで歌った歌で、「**青年は荒野をめざす**」(68年)。出発の時が来た、一人で行くんだ、みんなで行くんだ。だから当時1960年代は荒野だった。まだ見ぬ荒野をさまよっていた。そして1970年に入って、国内旅行になっていく。この変化は面白いと思っています。

はしだのりひことシューベルツが歌った「**風**」も、旅と歌と、そして人生、それが重なって私たちには体験されていました（第1章33頁参照）。結局今でもこの歌を聴いてみると、なるほどと思うことにいくつも気づきます。それは、たどり着かないという歌が多いことです。目的地は見えず、背後もやっぱり「風」だなと思います。

人の詞を出してああだこうだとは言いにくいので、私の作品で説明します。何かを求めて振り返ってもそこにはただ風が吹いているだけ、ということです。これは私が25歳の頃の作品です。でも前に向かって歩いていこう、でも振り返る、どこに求めても何も得られない。風が吹いているだけ、と歌い続けます。実際の旅と人生という旅、旅としての人生みたいなものを重ね合わせて歌っているし、そういう経験をしていたんだと思います。

面白いと思うのは、**井上陽水**が歌った「**夢の中へ**」（作詞・作曲：井上陽水、73年）も同じです。探し物はなんですか、でも見つからないんです。本当にみんな見つけたことがない。出発の歌が多い。それは心の旅だった。人生の旅だった。でも目的地にはたどり着かない。それが繰り返し繰り返し、若い人たちによって味わわれている。同じことが繰り返し体験されている。歌はその証拠であると。

▼探しているものは見つからない

そこで、私の翻訳した本で最近復刻した『**ぼく自身のノオト**』（ヒュー・プレイサー著、創元社、2021年）、という本があるのですが、この本の一節を引用したいと思います。私がひとつ問いかけてみたいのは、この作者はアメリカのカウンセラーなのですが、この体験は日本人だけのものだったかということです。

ぼくにとっての孤独とは、ばらばらになっていた自分のいろいろな面をもとに戻すことをとくに意味している——自分を統一して、小さいものは小さく、大きいものは大きく見ることが再びできるようになるのだ。

孤独になることとは、自分を愛して正しく認識するためには、欠くことのできない大切な行為だと信じる。

（中略）

ぼくがある目的に向かっているとしても、今のぼくにとってはそこまでの過程がすべて。七色の虹はその彼方にいるかもしれないという黄金の鳥よりも美しい。なぜなら、虹は今そこに見えるから。まだ見ぬ鳥は、ぼくの思っていたとおりのものだったためしがない。

見ていないものを思い描いていて、たどり着いてそれを見つけてしまうと、思い通りのものだったためしがない。私たちが探しているものは、結局見つからない。これはアメリカの人が書いた本なのですが、世界中で読まれた本です。これがとても印象に残っているので、今回再発売されたので確認していただけると思います。

もうひとつ「山のあなた」。カール・ブッセの詩で、上田敏先生の名訳と呼ばれているものです。落語でも冗談のように紹介されています。

山のあなたの空遠く
「幸い」住むとひとのいう
ああ　われひとと尋（と）めゆきて
涙さしぐみ　かえり来（き）ぬ

山のあなたに　なおとおく
「幸い」住むとひとのいう

結局これも見つかっていない。この詩は、本国ドイツよりも日本のほうで愛されたと言われるぐらい、日本人が広く共有する感覚かもしれない。

しかし、確認したいのは、「**青い鳥**」にしても、あるいは名曲である「**虹の彼方 Over the Rainbow**」にしても、探しているものは見つからないのだと、世界中の人がそう言っていること。だからこれは真実なのだと思うのです。世界中の人がこれを味わっている。つまり、探しているものは見つかったことがないのです、誰の人生においても。

私は意識してなくとも、舞台に上がるのがどこか楽しみで、レコードが売れたらいいなとか思ったかもしれないのですが、売れてみてどうだったかというと、売れる前のほうが良かった、という真実がある。でもみんな言いますよ、そういうものだと。多くの人がこのことを語っているのを確認したいと思うのです。

▼心のなかを旅する

じつは、寅さん（映画『男はつらいよ』の主人公）が旅に出たのも1969年。これは諸説あるのですが、68年といってもいいかもしれません。寅さんはまだ旅しています。これはいかがなものでしょう。このドラマを愛された方の旅も続いているんだと思うのです。みんな寅さんだった。コンサートで皆さんに語りかけます。「皆さん、みんな旅に出ましたよね、1960年代から70年代にかけて」と。

春ですから、若い方たちも、いま旅立ちの時です。プラットホームに残るなごり雪を見つめながら、今旅立ちの時ですよね。

でも今は旅に出られない。Go To Travel があんなにも騒ぎになったのは、きっと人間は旅が好きなんだからだと思う。世界中の人たちが若い時に旅に出ようとしている。いつまでも人生は旅だと感じながら人生を送っているから、旅に出たいと思っているのに止められて、今は欲求不満ですよね。本当にむずかしい状況だと思います。

コロナの時代、この人生という旅で何が見つかったか、問う時だと思います。私はあれもある、これもあると振り返って見て、過去形でこんな曲も作りましたと報告できるのは幸せなことです。こうやって、過去形で人生を語ることができるのは、人生物語を紡ぎ出すということであり、それだけで人の健康を支えられると私たちはよく言うのです。

これはひとつの結論です。真実は見つからないけれど、その見つけるプロセスが旅です。だから旅を続けるのが人生、生きているということです。見つからなくても、また続くのです。見つかったと思ったら、青い鳥のように逃げてしまう。あるいは探していた虹が、その向こうにあったんだと言われてしまう。思い通りじゃないということを噛みしめる。

それが心の旅だということです。見つからないから、心のなかにはまだまだ埋まらない空間が残っているし、旅するための未知の領域が残っていると思います。本当の旅が再開されることを祈って、今度の旅を計画してみましょう。またその前に心を旅してみましょう、というのを提案してみたいですね。

「旅」をきっかけにして

▼「旅と歌」の原点

●富澤　大変興味深く聞かせていただきました。きたやまさんは、加藤和彦さんやはしだのりひこさんにもらった曲を、当時テープレコーダーに入れて聞きながら旅をして詞を作ったということも聞いています。まさに歌いながら旅をしたり、旅をしながら歌を作るということを実践されていたわけですね。私なりに「旅の歌」を考えてきましたので、それをきたやまさんにぶつけますので、よろしくお願いします。

きたやまさんにとって、「旅と歌」の原点というのは、どこだったのでしょうか。**永六輔**さんの「**遠くへ行きたい**」が愛唱歌だったというお話をされていますが、きたやまさんがその旅、歌というものを最初に意識したのはいつ頃なんでしょうか？

●きたやま　それも、さかのぼれば、さかのぼるほど、答えの見つからない旅になるのだと思う。

「眠り」というものを考えれば、それは現実から眠りの世界への旅だと思う。「まんじりともしない」という表現があるじゃない。それは、起きているのか眠っているのかよくわかんないような状態だけれど、何か一生懸命考えている状態、起きている時か、眠っているのかわからないような状態、そういう状態になる瞬間のことを指すと思うんです。

そうすると、電車に乗って音楽を聴いている時って、まさしくそんな状態だったんではないか。そうしている時にいろんなことが思い浮かぶ。振り返ると、それが歌詞になったりしたんだな。そういうことが多かった。

そうした最初の体験として私が意識できるのは、母親の実家に母と一緒に2時間くらいの旅をしたことです。また、おばさんのいる三重県の津というところに京都から列車に乗って行きました。機関車だったので、煙が入ってくると目にしみるんで、窓を閉めたり開けたりしながら旅をした。そのあたりが、旅と「歌いながら」というのが重なる気がするんです。

その頃、何を聴いていたのかって言われると、やはり**三橋美智也**さんだな。旅人と歌がむすびついたのは、それと**春日八郎**さんとか、あの歌謡曲じゃないかな。**小林旭**さんの

「**ギターを持った渡り鳥**」（1959年）もあるけれど。「**馬子唄**」っていうのが、まさしくその原点かなと思うよ。あるいは、船に乗って「なんだか下り」みたいなことを経験すると、船頭さんが歌ってくれる「**棹歌**（さおうた）」っていうのが、乗り物と歌が合体する原点になりますね。さらに付け加えると、修学旅行の時にみんなで歌った「**修学旅行**」（63年）という**舟木一夫**さん、「**さすらい**」（64年）の**克己しげる**さんの歌とかもね。あれらが原点かな。

●**富澤**　前に、きたやまさんが**永六輔**さん作詞の「**遠くへ行きたい**」（62年）を挙げて、この歌で旅に出たいと思った人がかなり多かったはずとおっしゃったと思うんです。私も含めて、そうだと思いますが、きたやまさんの当時の愛唱歌だったんですか？

●**きたやま**　「夢であいましょう」というＮＨＫの番組があって、永六輔・中村八大コンビの歌がよく流れていました。**ジェリー藤尾**さんの「遠くへ行きたい」は、その中の１曲だったのです。あの番組のファンだったからね。あの番組のなかでも、たとえば**北島三郎**さんの「**帰ろかな**」（65年）も歌われた。あの歌も旅の歌ですよね。永六輔さん自身が旅人だったんで、歌を作っている人が旅人であるというイメージと重なって、よく歌いましたね。

●富澤　私はまだ子どもでしたけれども、なかなかかっこよかったです。「俺もどこかに行ってみたいな」と当時思いましたから。いま出てきた北島三郎さんの「帰ろかな」は、これも永六輔さんが詞を書かれていて、故郷のおふくろは便りじゃ元気、だけど気になるやっぱり親子というのは、子どもでもよく理解できました。

●きたやま　当時いっぱいありました。私は京都にいたんで、関西圏で坂本スミ子さんが出ていた歌の番組があった。そこで**リンド&リンダース**というグループサウンズが歌っていた、「**あした陽が昇ったら**」（67年）という、旅に出ようよという歌があった。それなんかにも、ものすごい影響を受けました。だから1曲だけじゃない。旅の歌はいっぱいあったんですよ。

●富澤　**加藤登紀子**さんの「**帰りたい帰れない**」（作詞・作曲・歌、70年）も良かったと思います。それから**小林旭**さんの「**北帰行**」（61年）もありましたね。

私はもちろん「帰ろかな」とか「帰りたい帰れない」「北帰行」あたりも全部聴いてますけれど、正直な話、そのへんはピンとはこなかったんです。一方すごくピンときたのが「**風**」です。

▼実際の体験

●**富澤**　第1章でも話しましたが、「風」を聴いたときに、旅へのあこがれ、自分もその世界に行きたい気持ちがかきたてられた。自分にとっては現実じゃないけれども、自分にとってのお兄さん、先輩方がしたに違いない「風」みたいな経験を自分もしてみたいなという憧れだったんです。すごくリアルに感じたからこそ、私はすごくいい歌だなと思ったのです。

そしてその後は、**かまやつひろし**さんが歌った「**どうにかなるさ**」ですね。1970年だと思うんですけども、この時には大学1年に入ってましたから、まさしくこれがリアルな感じです。

私も友達と一緒に、あり金はたいて京都に行ったんです。まさしく「どうにかなるさ」というつもりで行ったわけなんですけど、この時、「旅の歌」というのは、自分のことを歌っていると思いました。これは俺たちの歌だということで、かなりリアリティを持って歌を聴くことができた、そういう流れになってくるんです。

自分にとっての旅の歌の原点は何かと考えたときに、幼いころの「遠出」がありました。

子どもの頃、兄貴にくっついて遊んでいたとき、あるとき突然兄貴がいなくなって、橋を越えて隣の町へ行ってみるということがありました。それが幼いころの自分にとっては遠出、遠くへ出ることによって、言ってみれば自分版の『**トム・ソーヤーの冒険**』（マーク・トウェインの小説）であるとか、映画の『**スタンド・バイ・ミー**』（ロブ・ライナー監督、86年）みたいなものが、一つの旅の原点かなという感じがあります。

南こうせつさんの歌に「**幼い日に**」（75年）という歌がありまして、これは親戚のおばさんの家に去年の夏までは兄ちゃんと来たけれど、一人でここまで来たのは初めてという、冒険とか好奇心が混ざったものが出ていました。旅の原点というのは、このあたりになるんじゃないかな、と思ってるんですが、間違ってますかね？

●**きたやま**　間違ってなんかいないですよ。ただ、私は深層心理学者、精神科医なものだから、私の頭の中に「心の地図」ができあがっているのだと思います。そして、もともと多動傾向のある子どもでしたから、体を動かせないとなると頭や心の中を旅するという変換がずっと続いてます。

リアルな旅はいつだったか、一人旅とおっしゃってるわけだけれども、その前から迷子になりかけたりとか、はぐれたりとか、ちょっとした冒険を小学校の校舎の裏でやって大怪我をしかけたり、あるいは実際にケガをしたりとかっていう、冒険旅行はみんなやっているると思う。

だから親から離れて、一人だけの空間とか秘密基地だとかを作る、あるいは隠れ家とかいうものが生まれていくプロセスで、きっと私たちはもう旅を始めるんだと思う。親の目の届かないところに行って戻ってくるなんてことは、3歳くらいのときからやっちゃってると思うんだよ。そこで面白いことを経験したり、いろんなことを学んだり、本当に死にそうになったりする。

私はドキドキするような経験をいっぱい思い出す。たとえば学区の違うところにふらっと行って、違う小学校があるなんてことが初めてわかったときって、すごくドキドキしたね。

うちは京都駅前から歩いて10分くらいのところにあったので、駅というのが私の旅のショーウィンドウでした。誕生日だっていうと駅に連れて行かれたし、泣いたっていうと慰めるために連れて行かれたし、遊び場といったら駅だったし、悲しい出来事があったら駅だった。お兄ちゃん、お姉ちゃんが出発しているところを見送ったり、誰かを迎えに行ったりみたいなことを駅で経験する。やがて私もここから出発していくんだなと思った。

京都というところはお寺ばっかり並んでいるけれど、東京とか大阪に行ったら何か面白いことがある、という情報がいっぱい入ったりする。すると、心の旅がもうそこにあったね。

思春期の頃には、具体的な旅というと、京都駅から出ていくことになっていました。それで大阪に行って初めて見たコンサートが、仲宗根美樹のコンサート。行って怒られた。たぶん親には内緒で同級生たちと行ったんだと思うんだよ。そんなこともドキドキするような旅だった。計画を立てて切符を買って旅行したとか、『スタンド・バイ・ミー』のようにとか、ロードムービーになるようなものが最初にあったというよりも、その前から頭の中や、実際に身体で旅をしましたよ。自転車に乗ってエロ本買いに行ったりするなんていうのも、すごくスリルのある旅だった。近所に元遊郭があった界隈とか、そのへんを自転車で通り抜けるのはロマンチックだったなあ、そういうのが冒険旅行だった。

●富澤　あと、橋を渡って向こう側に行くと、隣の町の子どもたちがいて、いじめられたりしたから、殴り込みに行ったりしましたが、そういうのとか。

●きたやま　映画の『**泥の河**』（小栗康平監督、81年）だったかな、対岸につながれた船には娼婦の女性がいたりとか、そういうのが冒険の小旅行だったたね。

●富澤　その頃は、知らないものを見たいという好奇心があって、それにちょっと出かけてみようという冒険心がないまぜになっているところが、一番の原点だと思うんです。

●きたやま　何かあるとそういうのにどんどん参加していくお調子者というか、冒険心の豊かな人間がいる一方、臆してなかなか出ていかない人間がいる、という説があるんだよね。どちらかというとわれわれは前者じゃなかったかな。わりと好奇心旺盛で、向こう見ずで、すぐけがしやすい。そういう存在だったと私は思います。歌いながら出かけましたね。

▼「行ってもわかってる」になってしまった

●富澤　その後小学校に入りますと、遠出は遠足になったんじゃないかなと思うんです。冒険は当然少なくなりますけれども、知らないところへ行くという好奇心は出てくる感じがあって。さらに中学高校に入ってみると、今度は修学旅行。団体で行く。われわれは長野でしたから中学の時は東京だったんです。で、高校の時は京都。京都ってやっぱりすごく憧れていましたから、友達3～4人とつるんで祇園に初めて行きました。

遠出が遠足になって、修学旅行になって、たぶん大学の場合は卒業旅行。ここで二つに分かれるんじゃないかと思うんです。卒業旅行を思い出とするのか、あるいは挑戦や好奇心なのかによって、Go to travel なのか Go to journey なのかで、いろいろ分かれていく感じがあるんです。

●きたやま　行ってみたら意外なものが見つかったとか、知らない世界があったりとか、ドキドキするわけです。「青春18切符」（JR（当時国鉄）線の普通列車、快速列車が1日乗り放題が5回利用できる）を買って国内旅行をしたりとか、海外旅行ブームにもつながっていく。あるいは「ユーレイルパス」、海外に行った時にヨーロッパの鉄道が乗り放題みたいなパスがあって、そんなので皆さん旅行に出かけたんですよ。

それが1990年くらいからの印象だと思うんだけど、若い世代が遠くへ旅に出なくなっていったのかもしれない。この数字がはっきりと出るのは、留学の希望者が減ったこと。若い人の絶対数も減っているし、日本から海外に出ていく留学生が減っているんですよ。なぜかというと、皆が感じているのは、「行ってもわかってる」ということなんでしょうかね。テレビなどで、だいたい海外を見ることができるし、今やインスタ映えというので、どこに行って何を見るのかも決まっている。行ったって同じものが見えるだけで、全部の見るべき風景は撮られてしまっている。だから、好奇心旺盛な人たちが出かけなくなってしまった。旅にそそられなくなっているのが現代かな。それが、ちょっと気の毒な気がするんですよ。

●**富澤**　テレビカメラのフレームを外したところに、本当はすごいのがあるわけじゃないですか。

●**きたやま**　そう言いたい。本当に行ってみないとわからないことが多いんだよ、やってみないとわからないことが多いんだよって。

私もその連続だった。（「帰って来たヨッパライ」で）早回転してあんな声になるなんて、やってみないとわからない。ラジオやテレビに出ることがどういうことなのか、出てみないとわからなかった。大阪（のラジオ局）へ行ったら、あんなことが起こるのもやっぱりわからなかった。東京というところがどういうところなのかも、行かなきゃわからなかった。いまは、それがないかな。行っても、むしろ聞いてた話よりも面白くないというか、ベストショットはすでに撮られているみたいな……。

●**富澤**　前回も出てきましたけれども、小田実さんの『なんでも見てやろう』とか、大江健三郎さんの『見る前に跳べ』とか、寺山修司さんの『書を捨てよ町へ出よう』とか、そういう若者たちのあこがれを煽っていた部分もありますけど、それで自分で出かけていったというのが多かったと思うんです。

▼見ているけれど、見ていないこと

●**きたやま**　それは面白い発見の連続だった。「面白い」という言葉は、顔をあげると顔が白くなるところから来ている、という説がある。囲炉裏端でお爺さんの話が面白いとみんなの顔があがる。そうすると頬が白くなる。ぼくらが夕焼けを見に行ったら、顔が赤く染まって、すごい美しい夕焼けを見た、なんていうことを、「みんなの顔が白く」と言ってもいいよね。明るくなるというのが「面白い」なんだよ。そういう経験って、少年時代は本当に毎日だったように思います。

●**富澤**　面を上げて白くなる、なるほど。

●**きたやま**　かつては、お母さんや父親が、テレビや本屋が、「見てごらん」って指さしたところに、確かに面白いものがあった。テレビやラジオが、次々と勃興して行く時ですからね。20歳になったころ、「少年ジャンプ」(68年創刊)やら少年なにやらがいっぱい出て、その前には「平凡パンチ」(64年創刊)みたいなものが、次々と発売になって、思春期青年期を迎えるわけですから。だから面白かったよ。吉田拓郎も言ってましたよ、1960年代から70年代にかけて、青年期思春期を送ったことは得したと。仕掛け花火が次々と仕掛けられていった。

●**富澤**　今きたやまさんがおっしゃった「平凡パンチ」は、東京オリンピックの年に出たと思うんですけれども、私は中学1年だった。兄貴が買ったのを盗み読みしましたね。もうドキドキしました。

●**きたやま**　なかなか手に入らないもの、つまり、ありがたさがあったんだよ。漢字では「有難い」と書くわけだけれども、手に入れるのが非常にむずかしかったときに、やってみれば非常に面白いものが手に入った。有難さを享受しましたね。

●**富澤**　いまは、わかったつもりになっちゃっているというのが強いんじゃないですかね。

●**きたやま**　「知ってる?」って言うと、みんな「知ってる、知ってる」となる。知らないことがなくなりつつある。本当に気の毒な世代が今かなと思うよ。

●**富澤**　でも、知ってるつもりでも、じつは全然知っていない、ということだと思います。

●**きたやま**　体験を伴わないと、ということですよね。バーチャルリアリティで見たものと、本当のリアルで見たものとの違いに、やっぱり皆さん気がつかないから。むしろバーチャルで見たもののほうがきれいだったりする。ひじょうに難しい問題だとぼくは思っています。

●富澤　東日本大震災があった時に、私は3カ月後に現地に行ったんです。その前に、テレビで津波の映像とかを何回も見ていました。そうすると自分では全部わかっているつもりだったんですよ。ところが、向こうに着いてみたら、全く何も見てないことがわかりましたね。確かに目には映っているけれども、見てない、ということがわかった。匂いはテレビからは感じられない。向こうに行ったら、匂いがあるし、違うものがいっぱいある。確かに目には見えてはいたけれども、意志を持って見てはいなかったということです。いま、同じようなことが言えるような感じがすごくするんです。

▼困難な時こそ、なにか面白いことを考える

●きたやま　こんなことになるとは思ってもみなかった、という意味では、このコロナ禍っていうのは、最大の「想像を絶する」ケースだよね。誰も予想できなかったことが起きている。そういう意味では、未来において、ここを生き延びた人たちが、今日（こんにち）のことを振り返って話す時のお話というのは、面白いかもしれないよね。こんなことは、二度とないかもしれない。

●富澤　初めてですものね。先行きもわからないわけですから。その意味じゃ、一番「面

白い」状況にはなっているんじゃないですか。

●きたやま　われわれの場合、お前たちの若いころは何があったかというと、すぐにビートルズを出して、学生運動を出して、青春の旅の話をするわけだけれども、いまの人たちは、あの時ロックダウンでとか、緊急事態宣言でコンビニの周りでみんなで寒い中飲んだみたいな、そういう話題が面白い物語を作り出していく可能性がありますよね。

●富澤　コロナで大学も閉鎖になったりして、オンラインですけれども、われわれの時代はロックアウトでしたからね。授業ができるだけまだいいですよ。

●きたやま　でも、授業ができないということが新鮮なんだよ。これをどう生きるか。だって、オンラインでやろうとしたって、たいてい最初のころ繋がらなくて、映像が切れたりとかする。繋がりが切れるという事故が起きた時にどうするかが、小さな冒険なんじゃない。

●富澤　そこをちゃんとやっていかないと、現実は乗り越えられないですから。

●きたやま　それに面白さを見つけるんだよ。

●富澤　毎回違うところでトラブルが起こる。今回はうまくいったけど、次回がうまくいくとは限らない。

●きたやま　それを実験で調べてる人として『EQ　こころの知能指数』の**ダニエル・ゴールドマン**がいます。たとえば4歳ぐらいの子どもを集めて、マシュマロ一個を目の前に置き、「我慢できたら二個あげるよ」みたいなことを言って、大人が消える。そうすると、大人が消えた瞬間に食べる子どもがいるんだよ。あるいは我慢して、マシュマロを見ないようにするのもいる。ところがその中に歌を歌い始める子がいるんだよ。あるいはゲームを考えるやつがいるかもしれない、マシュマロごっこみたいな。そういう人間なんだよね、われわれは。

ただ我慢して待つ人間でも、すぐに手を出して食べる人間でもないんだよ。葛藤があったり、困難があったり苦しさがあったりする時に、なにか面白いことを考える人間。悪戦苦闘し孤軍奮闘して、やがては面白いことを見つける人間が、結果的に面白い時を積み重ねることができるのかな、と思いましたね。ところが、面白いと、その悪戦苦闘を忘れてしまうし、言わなくなるのです。

●富澤　そういう人がクリエイターになっていくんじゃないですかね。

●きたやま　振り返るとそうだなと思うんですよ。私も見方次第では、そういうことの連続だったですから。それは本当に困ったけど、「有難い」ことだと。たとえば飛行機が出発する時に、嵐で飛べなくなってしまって空港に閉じ込められるみたいな状況が起きる。するとで面白い物語が始まる。そういうのを楽しみに生きているところがあるね、私は。事故待ち人間なので。そういう人間ですよ、私は。

●富澤　何が起きても楽しめるということじゃないでしょうか。

●きたやま　苦労もあるし、出る杭は打たれるし、悪戦苦闘の連続で。それでもなんか面白いことを一発考える。そして『**コブのない駱駝**』（２０１６年、岩波書店）に書いたように、その「空しさ」は生身の人間関係でないと埋まらない。それが大事なことかなと思って生きてきましたね。

●富澤　人間っていうのは、予期せぬことが起きた時、「火事場のクソ力」と言いますけれども、それが初めて出るんじゃないですかね。

●きたやま　「クソ力」じゃ役に立たないかもしれませんが、ギャップとか矛盾とか葛藤が生まれた時は、ものを作りアイデアを出し、何よりも生身の出会いで解決していくのが、大事なことかな。

●富澤　何かが起こったときに、それを表現に変えられるかどうかですよね。

●きたやま　臨機応変ということかな。

▼「間」の必要性

●富澤　怒りがわいたときに、ちょっと我慢していると、怒りってなくなっちゃうじゃないですか。怒りからは何も生まれない。怒りの矛先を表現にぶつけていくところで、作品ができてくる気がするんですが。

●きたやま　そうであると一番理想的でしょうね。間が大事ということ。たとえば、新しいものじゃなく、人が歌った歌を歌うというのも意味があるわけだし、新しいものを工夫して作り出すことだけじゃなくて、思いついて、それを頭の中で転がしてひと時を過ごすというのも大事なこと。その前の空白だとか、間を噛みしめるというのも大事なことだよね。すぐに落ち着きがなくなって、「魔」とも言われる、間を簡単に埋めてしまうのではない。さっき申し上げたように、ギャップが生じる、そこに大きな空白ができる、そして間が開く、底なしの穴がぽっかり開いたところに何か埋めたいんだけど、埋まらない、埋まらない瞬間の虚しさを噛みしめてるうちに、やがてなにか思いつく。そんな順番なんじゃないかな。私には、それを放り出してしまったりしないで、長い空白や憂鬱に耐えるというのも大事なことでした。とくに若い頃の私は虚しさに敏感だったと思います。

私が信じているのは、そういう体験。この前言った300枚のレコードを作ったけど、100枚しか売れなかった。そこで途方にくれましたよ。その日のことはよく覚えている。借金ができて、私の部屋に、松山猛が頼んで蛍光塗料で印刷したレコードジャケットが200枚積み上がった。目が赤くなって眠れなくて、結膜炎起こしたんだよ。本当に苦しい一週間だったね。それで売りに行こうって決めるわけですよ。

▼旅はまた続く

●富澤 それから、また旅の歌なんですけれど、「旅」と「旅行」って、違うじゃないですか。私のイメージで「旅」といいますと、「寅さん」でいうと寅さんの「荷物」じゃないかと。必ず寅さんは最後に振られて、また旅に出るからって、旅に出ていきます。その時何があるかというと、重い荷物を背負って出かけて行って、その荷物を旅の中で処理する、それが旅のイメージです。「旅行」となると、そういう重い荷物はないと思うんです。気晴らしというか癒しというか。そのふたつに分かれてくるんじゃないかな。たぶんいまおっしゃっている「旅」というのは、それぞれが荷物を背負って出かけていって、そこから始まるものがある、そういう感じがするんですが。

●**きたやま**　それは、われわれの世代をずっと裏で支えていた物語は連続するということ。つまり「フーテンの寅さん」がそうだし、「**水戸黄門**」もそうだし、「**弥次喜多道中**」もそうだろうし、「**木枯し紋次郎**」もそうだし、「**三匹の侍**」もそうだったよね。少し解決するんだよ。解決するんだけど、解決したところに留まらないで次に移動する。「黄門様ありがとうございました」って言われて、また旅に出る。その瞬間が旅立ちなんだと思う。次の町はどこなのかわからない。その連続だったように思います。だから私たちは、旅は「度々」っていうくらいですから、また続くんですよ。一件落着、で、また続く。

●**富澤**　たしかに「水戸黄門」の最後のナレーションは、「御老公であった…」とつながっていきますよね。

●**きたやま**　「紋次郎は旅の空の下であった」、みたいな。『**シェーン**』（ジョージ・スティーブンス監督、53年）というアラン・ラッド主演の映画があった。ジャック・パランスという男が悪役で、シェーンはこいつをやっつける。シェーンはその土地の奥さんが好きでプラトニックな恋愛関係があるんだけど、そこの少年が「シェーン」って呼んでいるのに背を向けて立ち去っていく。あれがぼくの原点だな。あるいは、ほかの映画でいうと『**カサブランカ**』（マイケル・カーティス監督、43年）ね。ボギーはトレンチコートを着て、風に吹かれて去っていくというイメージです。

●富澤　ハッピーエンドで終わってるはずが、また新しいことが始まっちゃう。

●きたやま　幸せが待っているというのに、去っていくんだよ。それは、男しかできないんだよね。「男の美学」と言ったりもするんだけど、やっぱり女は旅に出るといろんな危ないことがあるし、苦労があるし、家族のことを考えたらそんな生き方はできない。男はヨットのボディにペイントかなんか塗って、船を出すことをいつも考えている。それを遠くから見ている奥さん達が、ばかにしてるんだよね。男一人の旅なんだよ。

●富澤　女は港になる。

●きたやま　旅にはそういう男性優位の構図があった。女は見送ってくれるんだよ。それで男は旅に出る。でも、そういうわけにはいかなくなったんだろうな。みんなで家族旅行をしなきゃいけなくなった。そうすると「スタンド・バイ・ミー」はできなくなる。

●富澤　家族旅行は旅じゃないですからね。

●きたやま　旅行になると、ちゃんと戻ってこないといけない。戻ってくるという保証がない限り出かけられないんだよ。それは多くの女の人達を縛りつけた古い思想だったよな。ところがですよ、スタジオジブリの映画に出てくる女の子たちは、冒険もするし、旅もする。これからは、これを見た女の子たちの旅が楽しみだ。そしていよいよ女の一人旅が始まりましたよと宣言するのが、今年のアカデミー賞をとったばかりの『**ノマドランド**』（クロエ・ジャオ監督、２０２１年）ですね。

▼途中にこそ旅がある

●富澤　もうひとつ、旅の基点はどこか、どこから出るかということを考えたんです。それは田舎と都会で違うと思うんですよ。私は田舎出身ですから、長野から出る。東京に出るのは「上京」になります。長野駅から上野駅に。これは「旅」ではないですね。帰りは上野駅から「帰郷」になるんです。自分が「旅行」に行く場合は、新宿から松本へ行くか、東京駅から出るか。ですから私の場合、「上野」と言った瞬間、「帰郷」しかないんです。この感じは基点によって変わってきます。「**津軽海峡冬景色**」は上野発の夜行列車ですから、東北本線に乗っていくわけです。たぶんこの人は旅ではなくて「帰郷」ですね。だから、基点によってイメージが変わってくると思うんです。

●きたやま　その基点によって変わってくるということ、あるいは出発地点と到着地点で旅を定義しても、やっぱり旅は途中なんだと思う。どこかから出て、どこかまでの途中がだから旅じゃないかと。着いたら旅じゃなくなる。出発するとき、旅は始まっていない。だからプロセスが旅だと思うんだよ。

「山のあなた…」に描かれている通り、1番2番3番と場面が変わって、次の旅になっていったり、またそれから先があったり、あるいは**「長崎は今日も雨だった」**も、ぶらぶらしている。それが旅なんだと思う。

プロセスが旅というふうに考えると、たとえば今日も散歩して、どこから出てどこかに着いたんだけど、途中の経路は毎回違うわけ。これも旅。出発するところは同じであっても、通り道が違う。学校へ行ってる時も、ちょっとその間に立ち読みしたり、あるいはどこそこにちょっと紛れ込んだりしながら、みんな帰ったものですよ。サラリーマンの方もOLの方も、ちょっと立飲みとか、ちょっとどこかでショッピングするとかっていう間が旅なんだよ。

会社が出発地点で到着地点が家庭だったり、あるいは逆のケースだったり、そこはみんな一緒なんだけど、途中が毎回違う。毎回違う人に会うし、毎回違う小さな事件が起きる。

どこが人生のリアリティかというと、学校でも家庭でも結局は何かの「役割」を果たしてるだけで、そこでは旅はない。旅の途中だけが本人が本人に戻る。映画やドラマの

『スーパーマン』でも、主人公は電話ボックスの中で着替える。敵は向こうで待ってる。その間で電話ボックスで着替える時のスーパーマンが最高に良かった。あそこが一番好きだよ。

そういうパーソナリティ、私のメンタリティについていうと、どこが一番本人か、どこが一番自分に戻るかっていうと、毎朝バスに乗って電車に揺られているとか、そういう間。そういう途中が、私達は本人に戻っているんじゃないだろうか。そこに寄り道とか、あるいは隙間風が吹くとか、素顔に戻るとか、ここで俺がいなくなったらみんな困るだろうなという失踪の物語を考えるとか、そういうところでドラマが生まれるんじゃないか。

●富澤　おっしゃるように、プロセスが一番大切ですね。ところが、そこを無視する人が多いんです。ですから、長野から上野に旅したとしても、寝ていたり、何も見てなかったりで、これは旅じゃなくて移動になっちゃう。だから一番大切なところをじつは逃していることがひじょうに多い。

●きたやま　間で歌が生まれる。「**喝采**」(歌：**ちあきなおみ**、作詞：吉田旺、作曲：中村泰士、72年)だったら、待合室で私の歌が通り過ぎていくとか。そういう場面って待合室なんだよね。だから「**なごり雪**」の汽車を待つ君の横で、なんていうのも、列車が来るまでの、あの瞬間でしょ。ここをみんな歌っているんだよね。**リンダ&リンダース**の「**あした陽が昇ったら**」も、旅に出るまでの、出たらもう旅行が始まるんだけれど、計画の最中。**尾崎豊**の「**15の夜**」（83年）で家出の計画を立てる時間。やっぱり待ち時間とか、到着までの退屈な時間とかが、歌の瞬間なんだよな。

●富澤　それが新幹線だったら、勝手に閉まって出ちゃうから、結局余韻が残ってないですよね。

●きたやま　私は夜行列車が好きでしたね。私は九州大学に行っていた時、新幹線は使わず、九州から東京へ戻ったり、東京から九州に行く時に、夜行列車を使うことが多かったんですよ。それも朝方がいいですね。7時ぐらいに小倉駅に着く。その時に新幹線がもう出発するんだよ。そうすると新幹線が夜行列車を追い抜いて、博多に先に着いちゃう。早く行きたければ乗り換えればいいんだけど、歌が生まれるのはそこからなんだよ。小倉から博多駅までの2時間かけた旅が、やるせなくてね。どうしようもないなっていう感じの時に、じつは歌が生まれたんじゃないでしょうか。

●富澤　そうすると一番大切な時間、プロセス、一番大切なところを、ちゃんと使いきれていないことが多いという感じでしょうね。

●きたやま　時間通りに来て、時間通りに出発する。時間通りに出ないとすぐに怒り出す。次の電車が来ないっていう歌が生まれているじゃない。「いい日旅立ち」だってそうで、（作詞・作曲の）**谷村新司**はまだ旅に出てないんだよ。日本のどこかにいると言っている。あれは出発時間を待っている歌ですよ。**ユーミン**の**「ルージュの伝言」**にしても、ガタゴト揺られて移動している最中に歌が生まれている。プロセスとか、隙間とか、合間で生まれていると考えると、すぐに着いてしまうのはもったいない。待たされて、隙間で予期せぬ「魔のさす」時間を与えられた瞬間に、歌が生まれているところを、参考にしてほしい。

●富澤　逆によしと思ったほうがいいですよね。

▼最近の若者にある「取り返しがつかない」という感覚

●きたやま　私は学生に、1年留年して、復学したということを、しゃべったことがあるんです。その当時「ドロップアウト」っていう言葉が流行っていて、ドロップアウトして、そしてまたドロップインした、と話した。昔あった感覚は、次の電車は来るから、1年ダブっても、また1年経てば次の4月が来る、次の電車が来るっていう感じ。でも彼は「乗り過ごして電車に間に合わなかったら、次の電車まで待とうという感じがない」って言うんだよ。「次の電車は来ないかもしれない」って。

「次の電車はおそらく来ますよ」。私にはそう思えた。

「それはきたやま先生たちの時代は、留学しても休学しても、次の電車は来たかもしれないけど」と言う。確かにバブルがはじけてからなんだけれど、次の電車が来なくなってしまう、という感じが強い。その突っ走る感覚が、**ブルーハーツ**の「**TRAIN-TRAIN**」（88年）とか**尾崎豊**の音楽以降なんだよ。「次はなくなるかもしれない」「取り返しがつかない」というこの感じが、今の若い子にはあるかもしれない。

昔はどこかで取り返しがついたんじゃないかな。二度目はあるとか。歌の世界の話だけど、セカンドチャンス、もう1回チャンスを与えてくれるとかね。「**マイウェイ**」（フランク・シナトラの定番曲、日本人も多くがカバー）だって、もうすぐカーテンが下りる、俺は死ぬって、そこで延々歌ってるんだよ。あの頃は、どうせ死ぬんだから今すぐ弾けようという歌じゃないんだよね。われわれの時間は、今の感覚よりものんびりしていたのかもしれないね。

●富澤　われわれのときは、「待てば海路の日和あり」って言葉がありましたからね。かえって、いい船が来たりしますから。

●きたやま　残り物に福とかね。やっぱり無駄っていうのが活かされることを知ってる時代なんでしょうね。無駄遣いから面白いものが生まれるという世代なんでしょう。

▼「旅の歌」の分類

●富澤　話は変わりますけれども、きたやまさんにあげてもらった「旅の歌」を分類してみました。

チューリップ「**心の旅**」、これは上京です。「**なごり雪**」は帰郷。男は待ってる、女性は別れて帰ってくる。「**木綿のハンカチーフ**」は上京。女性が田舎に残って男が出ていく。男と女が交互に歌っているんですよ。女性は残ってて素朴なままでいいと、男は東京に行ってどんどん変わっていく。「**小樽の人よ**」は望郷じゃないかと思います。

●きたやま　富澤さんが解説してくれるとなるほどと思うんだけど、私はいい加減なふうに考えてるね。男と女が全然逆だと思っていたり。それが歌の魅力だと思うんですよ。曖昧だから、適当にみんな自分を投影して、解釈の可能性が多いほど、多くの人の心を摑む。

●富澤　大ヒットって結局そういうことですよね。

●きたやま　ユーミンの歌だって、相手の親に交渉しに行くみたいな歌なんだけど、単なる旅の歌だとまずは受け止めるよね。**『魔女の宅急便』**（アニメ映画、宮崎駿監督、89年）で流れる、旅に出ようっていう歌の感覚がよろしいいんじゃないでしょうか。自分をどこかで投影して、主人公にしてますね。

●富澤　あと**「岬めぐり」「あずさ2号」「津軽海峡冬景色」**これは傷心旅行。「岬めぐり」は振られて、傷心旅行に行ってる、一人で旅行に行って心を癒す。

●きたやま　伊豆半島からいつまでも帰ってこないバス旅行だなと思って聴いてました。ぐるぐるバスでまわってる歌だと思ってた。「津軽海峡冬景色」だってアレンジと歌い方はたくましい歌で、そんな傷心旅行のイメージなんかないよ。しっかり女が一人で生きていく、強い歌だと思います。

●富澤　女が決めて去っていくわけですからね。「あずさ2号」これも強い歌です。あなたから旅立ちます、ですから。

●きたやま　傷心旅行とはいえ、ものすごく強いですよ。旅に出るというのはエネルギーが必要なんだろうね。だから、旅に出るエネルギーを持っていないと、歌は生まれないよな。

●富澤　旅をしながら歌をつくり、旅のなかから歌が生まれてきたり、歌をつくりながら旅をしていくってことですからね。

●きたやま　１９６０年から70年にかけての歌の変遷を見たときに、目につくのは、前は行く先がわかんなかったということで漂流やさすらい。それがだんだんロック調の突っ走る歌になっていくような気がした。それに前は海外旅行だったよ。60年代は「**青年は荒野を目指す**」くらいまでは海外旅行だった。それが国内旅行になっていきますね、近距離か、遥かな宇宙旅行になってきた。

●富澤　むかしは「**憧れのハワイ航路**」（歌：岡晴夫、48年）ですからね。

▼人生のメタファーとしての「旅の歌」

●富澤　さて、きたやまさんは、これからはどんな旅の歌を書かれるんでしょうか？

●きたやま　作曲者がメロディをくれないからというのもあるし、わたしのところには曲が持ち込まれて、歌をつくるという試みとしてはあるんだけど……、やっぱり若さっていうのが、歌にも旅にも必要だと思うんだよ。歌には、若くないとできない作業があると思っている。新曲を生み出すのは、若い人たちに譲られるべき問題だと思う。

というのは、前向きに倒れたいと思っていても、結局はどこかで私たちは歩みを止めなければならない。最後は死んでいくときの旅じゃないですか。でもそれは、歌にならない。想像でしかないんだよね。

そこに近づいてきたので、人生が旅の歌だったし、歌の旅だったっていうふうにこうやって語るのが、いま、わたしの「歌」ですよ。死ぬ前に旅の歌をいっぱい聴いて、これだけのことを語れるなんていうのは、本当にありがたいことだったなと思うよ。

●富澤　正直、旅の歌ってどういうことなのかなと思うところがありました。でも今日まで話を聞かせていただいて、なるほどなあ、深いなあと思いました。すごく触発されますね。

●きたやま　人生は旅であるというのはメタファーですから。旅の比喩で人生を語っている面があるわけですからね。（万葉の）「防人（さきもり）の歌」でもそうですけれど、歌とは言わないこともあるが、多くが歌いながら旅をしていた。防人も妹（いも）に向かって歌うわけで、あるいは父母に向かって作品をつくっている。決して彼らは売れようと思ってないんだよ。国語の教科書にのせようと思ってない。創作意欲のほとばしりを旅の途中に感じて、作品をつくるわけじゃないですか。その伝統の中に自分がいるということに、今さらながらに気がつかされたんです。

そして、日本人だけじゃなくて、外国の人もみんなそこで歌をつくっている。ジョン・デンバーの「カントリー・ロード」（71年）もそうだけど、あの世代の若い人たちが、みんな旅の歌をつくっていたということに気づかされる。1番があって2番があって3番があるとすると、たいてい青年期というか出発の頃の1番で、2番が成人してからのしばらく、3番が老人になってからの話で、あと繰り返してフェイド・アウト。あるいは、ぷつんと切れてジャジャジャジャーンと終わる。

人生そのものが1番から3番、フェイド・アウトまで、歌の形式もそうなってる。繰り返し、リピートするところがあるじゃない。あれもなんか人生の真実だな。メロディは変わらないけど歌詞だけ変わる部分があって、小さい時に生まれたものを、ただ歌詞を変えながら2番3番と進めていく。それで追っかけや繰り返しがついたりしながら終わっていく。

ウエスタンスタイルもあり、ポップススタイルもある。それって人生そのものじゃないかなと思って。曲ってよくできているなと思うんだよね。だから、人生を変えたければ曲やリズムを変えなければ駄目だね。でも、たいてい似たような曲しか作れない、二番煎じしか作れないので、同じような人生を繰り返してしまうんですね。

●富澤　『奥の細道』も、もう一度ちゃんと読まなくちゃいけないと思っています。

▼さまざまな土地をめぐるということ

●きたやま　芭蕉も、土地土地で俳句を詠むため、俳句仲間に出会うために、旅をしているところがある。あれはウッディ・ガスリーなんかと似てると思うんだよね。旅をして、旅の途中で作品を作って、そしてまた土地に落ち着いて曲を演奏して、また出かける。そういう旅芸人的な要素が芭蕉にもある。それは「ミンストレルショー」だったり、吟遊詩人もそう。旅をしながら土地土地で詩を披露する形式があったんだと思う。

●富澤　いまみたいにメディアがないですから、作ってすぐみんなに同時に聴いてもらうわけにいかないので。

●きたやま　でも、その土地へ行ったら、お金を払って、接待してくれて、聴いてくれる観客が待ってるんだよね。

●富澤　全国に行くわけじゃないので、もっと密着してますよね。

●きたやま　旅と創作活動が密着していたんでしょうね。いま富澤さんに言われてそう思うね。同じところでずっと歌っていたら客が減るんだよ。隣町に行かないと新しい客がやってこない。旅する詩人は、必ず土地を変えていかないといけないんですよね。創作活動はその旅の途中で行なわれる。創作と練習の期間は旅で、そして着いたら披露するというリズム感があったんでしょうね。旅芸人、旅する詩人たちのあり様だと思う。

●**富澤**　遊牧民族ということでしょうか、農耕じゃなくて。

●**きたやま**　芸人はそうですよ。常民じゃないですから。「河原乞食」といわれるように、そんなに上等な役割を持っているわけじゃないので、ある意味で常民では許されないことが許されるんですよ。常民に対する遊民。そこにいつもいる人じゃない。「稀人（まれびと）」の幻想を引き受けるという考えがありますが、「稀人」は稀にやってきて、ちょっと面白いことを持ってやってくる人。そういう幻想が、いつもどの町にもある。誰かが来て面白いことをやってくれる。サーカスもそうですよね。町の「けがれ」や罪みたいなものを引き受けて、演奏して洗い流し、背負って持って行ってくれる。ここの町には居つかない。そういったクラス、グループがいたんだと、どの民族にも。

●**富澤**　そういう人たちが、情報を持って動いていくわけですよね。

●**きたやま**　ニュースだとか、そんなものを運んでいたんでしょうね。こんな事件があったということを歌にして伝えてくれたり。それがフォークソング運動の一翼を担ってたんですよね。面白いね。

▼表現手段はいろいろある

●富澤　ちょっと視点を変えます。先ほど、きたやまさんから「歌は若い人が作ればいい」というような発言があったんですが、1984年に私がインタビューした際にも同じような発言をなさっているんですよ（『NEXT　ビッグ・アーチストが次にめざすもの』潮出版社）。当時はレコード会社がラブソングしか出さないというような偏った時代で、きたやまさんは「もう自分の出番はなくなってきた」とおっしゃってるんですね。

実はこれ、とても象徴的なコメントだったと私は思っているのです。というのは、それから少しして日本はバブル経済に入り、日本中が好景気に浮かれるわけです。歌にしても、能天気に「I love you!」と叫んでいればよかった。音楽だけではなく、時期を同じくして、トレンディドラマがどんどん作られました。これもほとんどがラブストーリーで、主人公は「I　love　you!」と言っていればよかった。

ところが、その後バブルが崩壊し、日本人は空白の時代を経験します。なにか心に空洞がぽっかりと空いたような、祭りの後のような空虚感を抱える日本人が増えた。その延長線上に現在があるような気がするのです。

もちろん原因はバブルの後遺症だけではないけれども、どうしたら心の空洞を埋めることができるのか、この問題が依然として重いテーマになっているなかで、きたやまさんは「患者の心の空洞を言葉によって埋めるのが精神科医の仕事である」とおっしゃっている。同じように「歌詞によって、聴き手の空洞を埋めるのが歌の役割の一つである」というような発言もしておられます。

だからこそ私は言いたいのですが、そろそろきたやまさんに歌の世界に戻ってきてほしいのです。こんな時代だからこそ、きたやまさんの詞を必要としている人々が大勢いるんじゃないかと思うのですよ。

●きたやま　なかなか大事なことを聞いてくださったと思います。

いい機会なのでお話ししますが、もともと私はなにか面白いことをやりたかったんですよ。そもそもバンド活動をはじめたのもジョン・レノンが言うように、女の子にモテたかったからで、歌が目的ではなくて、歌は手段であったたし、人生を面白くするための歌であって、歌のための人生ではないんですよね。

そう考えると、歌じゃなくてもよかった。「人生を面白くする」ということでいえば、歌じゃなくてお笑いでもいいわけじゃない。吉本興業でもよかったんです。もしそうなっていれば「帰って来たヨッパライ」はこの世に存在しなかったけれどもね……。

でも、こういう経験がある。ちょうど「帰って来たヨッパライ」が大ヒットしていたころ、落語家の桂三枝（現在の桂文枝）さんと友だちになったんです。三枝さんを通じていろんな芸人さんと知り合ったり、芸人の世界を覗いたりしているうちに、彼らの中にフォークソングのようなものを感じたんですよ。そこには虐待されてきた人、とんでもなく貧乏な環境に置かれた思春期の青年たちがいっぱいいて、彼らはそれをお笑いに変換する。これはすごいなと思った。その才能が正気を維持する方法でしたね。だから、たまたま私はフォークソングを選んだわけだけど、底に流れているものはフォークもお笑いも同じだと思う。

●富澤　自分のなかにあるものを何かの形で表現したい。あるいは世間に対して、俺はこう叫びたいんだという衝動のようなものは、音楽もお笑いも、文学や映画なども同じだと思います。でも、きたやまさんには作詞という表現手段があるわけですよね。

●きたやま　そう、表現手段なんです。だからいまの私は、いろんなことをしゃべって、この本をつくる、この作業が面白いですよ。今日の対話もものすごく面白かったし、富澤一誠という相方が得られなかったら、こんな話にはならなかったという部分が多分にあるわけだよね。「歌は旅だよ」とかっていって、ピンとくる人間ってそんなにいなくて、食いついてきたのは富澤一誠だけだよ。

私も新聞記者の取材に答えたり、それが記事になったり、あちこちで似たようなことをしゃべってますよ。しかし、やっぱり今日、私が発した言葉の一言一言がもっている広さと深さは、富澤一誠にしか伝わらない。この相方が隣に座ってるから、この「旅」がいま実現しているわけじゃない。そして、この本が完成するまでの旅ですよね。だから私がまだ旅を続けていて、「そこから生まれてくるものこそが歌だ!」っていうものをつくることができたら、もうそれが作品であり、私にとっての歌づくりだと思う。たとえ表現手段が違っていてもね。

▼「きたやまおさむなんて知らないよ」

●富澤　非常によくわかりました。いまの日本の音楽シーンのなかで、きたやまさんが納得できるようなミュージシャンはいますか?

●**きたやま**　私は正直言ってYouTubeのファンで、動画サイトで音楽やら、いろんなものを楽しませていただいているんだけど、いまの若い人たちが、若い人たちに向けて、なにかわれわれの知らないことを歌ってくれて、さらに私が自己紹介しても「きたやまおさむなんて知らないよ」って言ってくれて、それを歌にしてくれたら面白いなと思う。
それは「戦争を知らない子供たち」のときと同じだと思うんだよ。つまり、「戦争なんか知らないくせに何も言うな！」っていうことがあったときに、「私たちは戦争なんて知らないよ」って、歌い返したわけじゃないですか。さっきの理屈で、どこに行っても知ってるものばっかりで、どこに行っても面白くないって言うんだったら、「まだまだ知らないものがあるんだ！」っていう世界を見つけて、それを私たちにぶつけてくれたら面白いものができるだろうとは思う。それが「もう知ってることばっかりになってしまった」というところが、彼らの悲劇だよね。というふうになってるなかで、「ビートルズなんか知らないよ、フォーク・クルセダーズなんか知らないよ、きたやまなんて知らないよ、富澤一誠なんて知らないよ。あんたらは知らないだろうが、俺たちが探しているのはこういう世界なんだ！」って歌ってくれたら、私は聴きに行くね。
●**富澤**　いま、そういうミュージシャンはいないかもしれない。

●**きたやま**　私が最後にそういう連中を見たのは、**尾崎豊**と**椎名林檎**くらいかな。富澤さん、誰か推薦してくれる?

●**富澤**　私も尾崎豊までですね。

●**きたやま**　尾崎豊は、「知らないよ!」って歌ってたもん。面白かったよ、あの人。

●**富澤**　たしかに尾崎のあとにもスーパースターは登場したけれども、時代のヒーロー、時代のオピニオンリーダーになったのは尾崎までですね。その意味では私もまったく同感なんだけれども、きたやまさんは具体的に尾崎のどんなところに共鳴されたのですか?

●**きたやま**　先生のことなんか知らないし、社会のことなんか知らない。知らなくってどこが悪いんだって……。それで、最後はちょっと壁にぶつかってしまったけれど、私は尾崎豊の大ファンだったから。

ただ、音楽というジャンルにこだわらなければ、いまの「YouTuber」は面白いよ。お笑いの「YouTube」を毎晩見てるんだけど、たとえば、**チョコレートプラネット**の《六秒クッキング》の食べ物をいじるところ、とくにメンチカツいいよ。また、**登美丘高校ダンス部**が、集団で身体を持ちこむ迫力はもう圧巻です。

それに**山本周五郎**の短編や**夏目漱石**作品の朗読。とくにセミプロやアマチュアの朗読がすごくいい。ご承知のように、すでに版権が切れるのもあるので、朗読のアップがやりやすいんでしょう。**芥川龍之介**やら、夏目漱石やら、いっぱい動画にあがってるんだよね。老人は、あれを聴きながら散歩するの。そうすると、おいおい泣けてきたりするんだよ。山本周五郎の「裏の木戸はあいている」とか。こういう世界……時間があれば朗読の世界に参加したいな。私は芥川龍之介を朗読してみたいね。

だから私もYouTuberとなって、ときどきいろんなものあげてるんですけどね。面白いメディアですね。音楽じゃないかもしれないけども、世界を広げていくと毎日が楽しいですね。

●富澤　きたやまさんの詩を朗読してもいいいんですよね?

●きたやま　でも私の詞は朗読するというよりも、歌うものですから。メロディをなくしてしまうと成立しないいんじゃないかなと思うし。むしろ、いわゆるオンラインの講義、話、これは私なりに面白いと思っています。なんか深夜放送みたいじゃない。

いま、私は非常に活き活きしてると思うんだよ、いまこうしてしゃべってるということが。そういう瞬間が楽しいいし、面白い。

▼「予想外」から生まれること

●富澤　しかし、きたやまさんがそこまで「YouTube」にゾッコンとは思いませんでした。

●きたやま　「YouTube」にしても、オンラインの「Zoom」にしても、面白いなと思うのは、たとえばグーテンベルグが印刷術を発見したときに、これがどんな効果をもたらすのかなんて考えてなかった。で、いろいろとみんながやっていくうちに、こんなふうに使うのが面白いっていうことがわかって、いまの「本」というものができている。

グーテンベルグたちはたぶん聖書を広く普及させるために印刷術を開発したんだけど、そのおかげで、神様の言葉を伝える神父様の権力を奪い取ってしまうみたいな副作用のことまでは、彼自身も想像していなかったと思う。

あるいはエジソンがレコードというものを発明したときに、音楽にこれを使えばいいんじゃないかという発想はなかったらしい。

きっと「Zoom」にしても「YouTube」にしても、しばらく使っていくうちに、こんなふうに使ったらいいんじゃないかという、面白い発想が生まれるかもしれない。というよりも、いまがまさにその最中ではないかと思うんですよ。

それは「帰って来たヨッパライ」を作ったときに、「早回転してみたらどうだろう?」というように、ちょっとした思いつきから始まるんだと思う。だから、爆薬を舐めてみたら心筋梗塞に効くとか、あるいはカビにペニシリンがあるなんてことを最初に見つけた人たちの伝説ってすごいよね。やっぱりそのおかしな発想がものすごいことを引き起こす。

それに、いま目の前にあるこの「YouTube」と「Zoom」の使い方、これで何か面白いことを考えていくっていう、この私たちのこの動き自体が孤独を癒しているし、明日を模索している現代人の姿そのものだと思うんですよ。だから私もこれに参加させていただいているし、かつてフォーク・クルセダーズに参加したことの面白さというのも、こういうことだったんだと思う。

▼立体的な出会いと交流

●富澤　いま「孤独を癒やす」とおっしゃいましたが、「YouTube」「Zoom」もそうだけれど、パソコンとかスマホが発達して、みんな繋がることが容易になっている局面があると思うんです。その一方で、孤独になることによって得られるものがどんどん薄れているんじゃないかという意見もある。

●きたやま　それは面白いテーマですよ。というのは、私たち精神科医は、患者さんとか、寂しさに圧倒されて生きている人たちに出会うことを仕事にしています。それは、一人ひとりの人生を扱うことであって、決していっぺんに百人の人を楽しませるとか、千人の人に聴いてもらうとか、あるいは放送を通じて何万人の人に送り届けるとか、数じゃない。一人の人に対してどう訴えるか、そういうことにすごく悩んで、言葉を紡ぎ出したり、メッセージを送り続けたり、出会うことを通して何ができるかを考えているわけです。

そうすると、（患者さんに）会うといっても一人の（診療）時間はほとんど一時間に限られている。実際に会うとなると、やり取りに限界が出てくる。それをコロナ禍の「場つなぎ」として補強するのが「Zoom」であったりメールであったり、電話だったりするわけです。

しかし、そうしたメディアにより「つなぎ」を補強しておくと、実際の出会いが立体的になる。たとえば「Zoom」でやり取りした後で実際に会ったりすると、相手に対してギャップが生じたり、イメージが違ってきたりします。逆に実際に会ってしゃべった後、メールでやり取りしたりすると、そこでまた全然違うことが起こったりすることもある。

つまり、多チャンネルで交流することが、出会いを立体的にしている、というのが私の実感なんですよ。だから、スマホだとかで繋がった相手に実際に会ったときのギャップは面白い。そうした落差や隙間も考慮に入れて世界をたえず構築し直す必要がある、と私は思います。

患者さんとは会わなきゃダメだとか、あるいは友だち同士だから飲み食いしないとダメじゃなくて、会うことも面白いけれども、会わないことも面白いという発想で、世界を眺めてみると、まだまだこの世は可能性に満ちているとしか思えないというのが、裏切りや幻滅を覚悟した私のオプティミズムです。どれほど楽しくとも、天国からの追放の恐怖は、「ヨッパライ」の通りで、心の底から覚悟の上です。

ポイントは、虚しさの真っ只中でも、また地獄の底にいてもやがてどこかに楽しみを見つけるということだと思う。誰もやったことのないことが、まだまだ目の前に広がっている。だから、「みんなやっちゃった」「みんな知っています」じゃなくて、私たちにはまだまだやっていないことがあるんだよね。「若いみなさん、まだまだありますよ！」っていう感じです。それは悲しみや虚しさを秘めた「引かれ者の小唄」であっても歌は役立ちます。

▼電車を一本はずしたほうが人生は面白い

●富澤 それこそ、未知との遭遇ですね。

●きたやま 本当に宇宙船が到着するかもしれない。宇宙大戦争が始まるかもしれない。あの国この国なんて言っているけれど、全然違うところに敵がいるかもしれない。地球がまとまらなくちゃいけないかもしれない。

エスペラント語を思いついた人たちにとっては、こんなに英語が一人勝ちになるなんて思ってもみなかったでしょうね。本当に予想外のことが毎日のように起こっている。人生は未知との遭遇の連続ですよね。だから、一つ電車をはずしたほうが、次は面白い電車がやってくるかもしれないですよね。しかし、今日は来ないかもしれない。でも、また明日なら。

●富澤 見たことのないような汽車が来ますね、きっと。

●きたやま 私は、そう思えてならない、この世の中というのは。

●富澤 それを無根拠に信じてもいいということですよね。

●きたやま 「楽観主義を忘れないように」ということですね。希望ですね。期待とか。

だからカール・ブッセなんですよ。「山のあなたの向こうにあったのに！」って。もう一つ向こうに幸せがあったんだよ。それに気づいたら、もういっぺん出て行く。で、またその向こうだったと言われる。日本人としては堪らないところじゃないでしょうか。これは、私が言い出したわけじゃなくて、みんながそう言っているんじゃないかな。歌の世界、詞の世界では。

●**富澤**　毎日が不安だと、明日がくることの根拠が欲しくなったりして、人によってはその根拠を神様に求めたりしてしまうんだけど、「根拠なんてなくても大丈夫なんだ」と思うということでしょうか？

●**きたやま**　私は精神科医だし、ミュージシャンだったから、そうしたメッセージを発することが私の仕事だったと思う。希望を失った人に、私自身がここに生き残ることから生まれるメッセージこそが、「もうちょっと希望を持ったら？」になるのかもしれない。とにかく私のところに来られる患者さんは悲劇に巻き込まれた方が多いので、それよりも私自身が悪戦苦闘の中であっても少しは気楽でないと、この仕事はできないかな。そうしないと、いつでも視野は狭くなるし……。

探しに行っても見つからないし、探し物が見つからないのが人生と、陽水が歌っているとおりだと思う。でも探し続ける。それしかないですね。だから、知らない街を旅してみたり、どこか遠くへ行ったり、旅に出る思想だけは失わないでおきたい。それが手元に残る小さな希望なんです。

●富澤　そのとおりですね。結末が見えていたら、つまらない。着地点が見えてないからこそ、人生は面白いわけですよね。

第3章　旅する音楽人生

——きたやまおさむ氏の代表的な楽曲の分析と「旅の歌」をキーワードにして展開してきたこれまでの議論を、この章では、さらに深めていきます。音楽論から時代や文化、人生の深層心理まで、縦横に論じていただければと思います。

「コブのない駱駝」の謎

●富澤　「コブのない駱駝」（フォーク・クルセダーズ、68年）は、きたやまさんが自伝のタイトル（2016年、岩波書店）にも使っておられるほど、大切な楽曲だということを知っています。発想の素晴らしさ、あるいはパロディとかノンセンスの面白さとかがあって、レコード大賞的に言えば「企画賞」を取っていただきたい歌です。この歌について、私もどういう意味合いなのかを考えてみました。たぶん、もう一つのきたやまさんの世界がここにあるのではないかと思ったからです。

きたやまさんが、前田重治先生と作られた『**良い加減に生きる**』（2019年、講談社現代新書）という本の中にも、「コブのない駱駝」が出てきます。前田先生はこんなふうにおっしゃっています。

「しかしながらこの歌は、たんなる冗談音楽のように聞こえていて、じつは彼の持論である「二面性」という、「あれと、これと」に分割して物事を見ることへの遠回しの批判という寓意もこめられているということです。精神分析で「中間学派」という彼の立場らしい歌として、味があります」。

これをきたやまさんが受けて、

「この『コブのない駱駝』は、私の伝記のタイトルにもなったように、もともと私の自己についての感覚を表現しているのです。そして、意味を求める構造のなかで収まりが悪く、無意味と馬鹿にされるのだが、どっこい意味があるという発見が愉快なんです。この快感はノンセンスと呼ばれて、ルイス・キャロルの作品、マザーグース、ビートルズとかで、体験できます」。

われわれがよく知っているきたやまさんの一連の歌と、ちょっと違う世界だと思うんです。たとえば「**水虫の歌**」（１９６８年）もそうだと思うんですが、これは、きたやまさんにとってどういう意味合いを持っている世界なんでしょうか？

▼おさまりの悪さ

●きたやま　知性というものは分類したがるものなんです。代表的な分類は男か女かという分類ですね。でも最近はＬＧＢＴ（Lesbian, Gay, Bisexual, Transgender）といって、二つに分けようとする二分法におさまらない人もいるということが共有されるようになったので、少しは居場所があるという感覚を与えられるでしょうけれども。あらゆるもので分類が求められているものです。今でも陰性か陽性か、病気か病気じゃないか、若いとか年寄りか、東に住んでいるのか西に住んでいるか、上か下か、そういう分類をしようとする力に満ち満ちています。そこにおさまらないと排除されるし、差別される。理想化されることもありますが、大抵これがよくある差別の構造、あるいは現象を生み出すものなんです。

なぜそうなるのかというと、分類しないことが不安を与えるからです。つまり、どこからどこまでが感染していて、どこからどこまでが感染していないという分類の発想が生まれると、その間のはっきりしない領域は恐怖や不安の対象になりますよね。

十年前に起こった福島の原発事故の問題にしても、どこからどこまでが除染されていて、どこからどこまでが危険ゾーンと分類しても、中間地帯がいつも残るものなのです。その象徴が汚染水というやつです。捨てたいと思うんだけれども、捨てちゃいけないと言われる。それが溜まってくると、どう処理していいのかわからない状態に置かれる。片方の主張を聞けば、こっちは大丈夫と言われるんだけれども、一方で危険だと言われる。

それを人間自身に当てはめると、ある種の人たちがひじょうに生きづらくなってしまう。あるいは自分にそういった「おさまりの悪いもの」を抱えていると、生きづらいことになってしまう。

「おさまりの悪さ」、あるいは「どっちつかず」とよく言われます。この「おさまりの悪い」部分は、あの歌に描かれているように、「馬かラクダか」とか、「豚か人間か」とか、「あれかこれか」というふうに分類を要求されると、必ず生じてしまう。「おさまりの悪い」ところは、人間にとって全体としてもあるし、部分としてもあるわけです。

それを私は小さいときからずっと感じていたんです。どこへ行ってもおさまりが悪いなと。それが歌になった。まずはそれが歌です。そのものが歌です。

フォーク・クルセダーズというバンドそのものも、そういう存在だった。身体的にも加藤和彦の体の大きさとか、はしだのりひこの小ささとか、私の体格もなんとなくどこへ行ってもおさまりが悪い。3人揃ってもおさまりが悪い。いったいお前たちはなんなんだと言われてもわからない。そういう異なる多面性を持つ存在が、よく「トリックスター」とか言われるんだけれど、そういうものが音楽界に、日本のショービジネスに投げ入れられた。そのフォークル事象、フォークル体験という「おさまりの悪さ」と、もともとの「おさまりの悪さ」の二つが重なって歌になった。

だから、その分類の決めつけはお前たちの勘違いだよとか、外れてるよとか、結局われわれのおさまりのつかなさはあなたの問題なんだ、みたいな歌なんです。

「コブのない駱駝」（作詞：北山修　作曲：加藤和彦）

（セリフ）

「昔　アラビアに／コブのない駱駝と／鼻の短い象と／立って歩く豚がいました
　彼等は自分のみにくさを嘆き／アラーの神に祈ったのでした」

コブのない駱駝、………、………、
あ～みんなはオレをからかうの
あ～コブがないから楽だなんて
よく　お聞きなさい
駱駝なんかじゃない
お前は　馬さ

鼻の短い象、………、………、
あ～私のおハナは短いの
あ～カガミをみるたび　ゾゥーとするの
よく　お聞きなさい
象なんかじゃない
お前は　河馬さ

立って歩く豚、………、………、
あ～二本の足で歩きたい
あ～だけどみんなにぶたれるの
よく　お聞きなさい
豚なんかじゃない
お前は　人さ

●富澤　正直言って、私にとっても「コブのない駱駝」は、おさまりが悪いわけです。「風」はおさまりがいい、わかりやすい、「風」はきちんと説明ができますが、「コブのない駱駝」は正直言ってよくわからない。でも評論家としてはわからないとは言い難いから、アイデアは素晴らしいんじゃないかと逃げている自分がいるという感じがあります。

●きたやま　その問いかけそのものに、もうすでにこの曲の意味があります。わからないというのが正直だとおっしゃる。「わかる」というのは「分か（け）る」と書くように、人の思考とか、頭というのは、今日は晴れだとか雨だとか曇りだとかに分類したがる。でも、そういうわけにはいかないんだよ。人間には常に分類しきれないところがあってもおかしくない。ところが、人は自分のそういう部分を排除したくなるのが、生きづらさにつながっていくというふうに思います。だから、「おっとどっこい生きてるぜ」みたいな感じで、そのシステムそのものを笑っている。そのように仕向けようとする思考そのものを相手に照らし返して、「そっちに問題があるんじゃないか」と返しているのが、この歌の意義かな。

▼分類破壊「AでもあるしBでもある」

●富澤 その後いろんな歌が出てきて気づいたことがあります。私が説明できるようなものは「新しくない」と思ったのです。私が説明できないものがあるとすると、それは「新しい」ことなので乗ってみる。そのきっかけになったのが、この「コブのない駱駝」なんです。

●きたやま 「帰って来たヨッパライ」にもそういったところがあった。つまり天国に行ったり地上に帰ってきたりするという、そのものがおさまりが悪い。普通は死にっぱなしだし、生きている限りは死んでいないんだけれど、これをいったりきたりできるという分類破壊、構造の揺さぶりというのが起こっている。これが、めちゃくちゃ面白かった。

早回転して聞かせるというのもそうです。

●富澤　「帰って来たヨッパライ」は、おらは死んじまっただと、粉をまぶしてくれたからわかったふりができた。しかし、「コブのない駱駝」はそうじゃない。

●きたやま　音楽そのものも、つまりメロディも曲の編曲も、全部がうまく分類破壊という意図に合った。加藤和彦のメロディも、見事にどこの音楽かわからないものになっていた。そういう意味では、私たち自身が生き生きしていた音楽だったと思います。

●富澤　２０１７年に、私が企画した長野県須坂市のイベント〈フォーエバーヤング〉に、きたやまさんに来ていただいてこの歌を歌っていただきました。生で聞いてすごい歌だと、あの時に正直わかったような感じがしました。

●きたやま　この曲を歌っている時の私は、確かに生き生きしています。

●富澤　きたやまさんの歌、すごかったです。すごい歌でしたね。

●きたやま　毎日歌うわけにはいかない歌なので。

●富澤　そのアナログ盤が出てきたのですが、歌詞カードに「この歌は人によってはアラビアンロック、ヨガロックともいいますが、人はさまざま、とにかくお聞きください」という面白い文章が入っています。

●**きたやま**　私は今でも感じます。「AかBか」に分けようとする力に対して、「Aでもあるし Bでもある」というところに立って言おうとしている、そういう自分を感じます。これは私の中の運動みたいなものです。

●**富澤**　私はどちらかというと、「わかる／わからない」と二つに分けていました。それじゃおさまりがつかないということが、ようやくわかってきました。

●**きたやま**　わかるようでわからないというのが、大事なんだよ。

●**富澤**　それがすごく大切だということが、今回勉強させていただいてわかりつつあるということで、ありがとうございます（笑）。

●**きたやま**　私の深層心理学というものも、中間的で両面的なものを心や世界の中に位置づけられるなら、クリエイティビティに繋がったり、遊んだり、人生を楽しめたりするという主張なんです。だからそういう意味では、私の精神分析学の実践でもあるんです。

名曲たちの深層

▼ひとつではない名前

●富澤　きたやまさんは、本名で書かれたものもあるし、ひらがな名前で書かれたものもあるし、カタカナのキタヤマ・オ・サム、自切俳人（ジキルハイド）、足柄金太で書かれたものもある。これも今おっしゃったことと関係があるんでしょうか？

●きたやま　江戸学者の田中優子さんに聞いたら、江戸の文化人、昔の遊びや戯れごとに参加していた文化人には、名前が100ほどあった人物がいるそうです。役割とか機会に応じて、新たに名前をつけたり名前を変えていく。役名とか源氏名とか、あるいは今でいうところのハンドルネームとか、匿名で登場する。ああいったものの伝統は昔からあるんです。

　そういう意味では、おっしゃる通りその伝統の中にもいたし、私の遊びとしてもあった。特に日本語って、漢字にすると意味が強くなる。でもひらがなにすると、文字面における意味から解放されるんです。まったく名前が違うわけでもない。音の上では漢字と同じなんだけれども、どんな漢字でもいいみたいな。はみ出しているんだけれどもはみ出していない、ということを指し示すのがいいかなと思って、ひらがなだったり、カタカナだったり、漢字だったりしてるんです。

●富澤　一つの名前だと、おさまりきれないですものね。

●きたやま　みんなそうなんじゃないかと思う。人間がいつも同じ名前を使わなきゃいけないのは、マイナンバーと同じで、要するに、役所が私を管理するために求めることなんですよ。領収書は本名で出してくださいとか、税金徴収のための方法なんですよ。名前をひとつにしなきゃいけないのは、部分的には税務署の管理のため。もちろん犯罪や、今では健康の管理というようなことにもつながっているんでしょう。日本人がすごくこれに抵抗しているのは、遊びの部分を維持したいからというのがあるんじゃないでしょうか。今や徐々に義務になっているでしょ。

●富澤　夫婦別姓もそうですね。都合上ですよね。

●きたやま　だからもっと考えると、性別にだってひょっとしたらそういう深層心理があるかもしれない。

●富澤　割り切りすぎても駄目だということでしょうね。

●きたやま　割り切っても割り切れないものが残る。

●富澤　そこに大切なものがある。本名「北山修」、ひらがなの「きたやまおさむ」、カタカナの「キタヤマ・オ・サム」、音は一緒ですよね。『まぼろしの邪馬台国』（67年、邪馬台国＝島原説をとなえ話題となる）を書かれた宮崎康平さんという方がいます。この方は、長崎の人で目が不自由なのですが、さだまさしさんの後見人をされていて、その関係で取材したことがあるんです。そのときおっしゃったのは、「目明きは不自由だね」って。邪馬台国の発想はどこから出てきたかというと、「天照」、「天を照らす」という漢字のイメージじゃない。私は目が見えなくなって、読んでもらった。すると「天が照らす」ではないんだということがわかった。語感から発想していったと。きたやまさんと同じようなことをおっしゃっていました。

●きたやま　それは「**座頭市**」のなかの文句にも出てきますね。勝新太郎さんがそんなことを映画のなかで言っていました。「目あきは不自由」だって。一方的な比喩ですが、むしろ目が見えないほうがよくものが見える場合があるのです。

▼108の曲から

●富澤　今回、きたやまさんの『**百歌撰**』（108曲を収載、ヤマハミュージックメディア。2008年）を読ませていただきまして、ひらがなの「きたやまおさむ」さんが作られた曲の中で、改めてこれがいいというのがありましたので紹介させてください。

「**祈り～ prayer ～**」（1989年）は、**杉田二郎**さんが**森山良子**さんとデュエットするということで、きたやまおさむさんが書かれたということですが、作られたときから22年が経って、さらにリアリティが増したのではないでしょうか？　というのは、1989年にきたやまさんは「今どれだけの愛がその手に残っていますか」と問いかけていますが、この問いは今のほうが切実になっています。その意味では、あのとき既に今の世界の現状を予測していたということ。出だしの「明日何かおこる　地球のどこかで」が現実を帯びていて怖い気がします。すごいメッセージだ、と思います。

「**西瓜太郎**」（1981年）は**ヒューマンズー**が歌っていますが、怖い歌ですね。この歌を聴くまで私は西瓜の実がなぜ赤なのか考えてもみませんでした。この歌を聴いて、そうか西瓜の実が赤いのは血だったんだと思いました。この歌のテーマは「いじめ」です。西瓜太郎はいじめられて校舎から飛び降りて赤い血がグラウンドを染めたのです。知らなかった。でも、ありそうな話です。そうか、西瓜の実が赤いのは血だったんだ。そこから「いじめ」を考えさせる、これはメッセージ・ソングなのです。

「**戦争を知らない子供たち'83**」（作曲と歌：坂庭賢享、1984年）はきつい歌です。私たちが目をつぶって先送りしたいことに「待った」をかけているからです。私たちは歴史をそれなりに学んで知っています。しかし、本当のところはわかっていない。たとえば南京大虐殺。30万人を虐殺したとも言われているが、もともとなかったとも言われています。本当はどっちなの？　そんなことが多すぎます。だが、それ以上は突っこまない。はたしてそれでいいのか？　この歌はそこに「？」を投げかけている。私たちは「被害者の子供で加害者の子供なんだね」というメッセージは重すぎます。

「**前向きに倒れてみたい**」（2010年）は**杉田二郎**さんの還暦のために書いた曲ということですが、私も還暦をむかえて「おっしゃるとおり」と共感を覚えました。

この歌にあるように、朝起きると足や腰が痛いし、新聞を読もうとすると目がかすんで字が読みにくい。こんなはずじゃなかった、と思いながら、年は取りたくないとぶつぶつつぶやいてしまう。だったらどうするのよ？　と思っていたときにこの歌を聴いた。どうせだったら「前向きに倒れてみたい」と。いいじゃない。せめてそのくらいはあってもと思わせるところがこの歌のいいところです。

「**ママはフォークシンガーだった**」（1980年代前半）は**長谷川きよし**さんが作曲をした歌ですが、この歌を聴くと森山良子・直太朗親子を思い出してしまう。なんだか映像が浮かんでくるからです。でも、そんなことではない。ここで言いたいのは、ママはシンガーだったこと、つまり、私たちの歌の原点は母の背中で聴いた子守り歌が、私たちに歌を教えてくれたということです。そんな意味では、私にとっては子ども時代に聴いた母の歌う「からたち日記」（島倉千代子）です。今でも「からたち　からたち　からたちのハーナー」とサビのフレーズを歌う母の歌声を鮮明に覚えています。幼い子どもだったので歌詞の内容はわかりませんが、もの悲しいメロディが印象に残っています。後日、初恋の人との別れを歌った失恋ソングだと知って、若いあの頃の母がどんな想いでこの歌を歌っていたのか？　感傷的になったりします。確かに「母はシンガーだった」のです。

●**きたやま**　母が歌うように語りかけるので、私たちは歌うようにして世界に参入し言葉を覚えるようです。そういう理屈を勉強する精神科医になったということが片方で事実としてあったので、情緒的な音楽の世界で自由な遊び空間を得るためには、本名だとややこしくて仕方がないという感じがありました。それで一線を画するために、ひらがなの名前で創作活動を続けたんです。それが35歳から55歳くらいの間。私にとっては、あの期間、**長谷川きよし**だとか、**杉田二郎**だとか、**坂庭省悟**（**賢享**）といった人たちが、私のところに詞を書いてくれと依頼してくるとか、あるいは仲介者たちの依頼が続いたことが、本当にありがたかった。

中途半端な位置に立っていたら、排除されるか入れてもらえるかのどちらかで、これはその「のるかそるか」に賭けるしかないと思ったこともある。やっぱりセミプロはプロかプロじゃないかで判断され、私たちのように生きていることや、人生のほうが大事だと言っているような人間は、人はその世界に置いておけないのかもしれない。

それを置いておいてくれたミュージシャンがいた、ということです。そういう人たちも、杉田二郎は宗教家だし、長谷川きよしは目が不自由だし、坂庭省悟は旅人だったし、そういう意味では、「おさまりの悪い」人たちだったから、というのもあったんだと思います。

そういう人がこの頃少なくなったんじゃないかなと思います、周りを見回すと。

●**富澤**　職業作家だと、注文があるかないか、売れてるか売れてないかという判断になっちゃう。それだとおさまりがつかないですよね。

●きたやま　私がこういう歌を書かせていただいたのは、こういう生き方を許していただけたからだと思います。歌いながら生きるというのが、健康に良いものですから、私にとってはとてもありがたかったです。

▼「キタヤマ・オ・サム」作品

●富澤　それからカタカナの「キタヤマ・オ・サム」の作品「**地球のどまんなか**」（1980年）。これは杉田二郎さんがコンサートの最後でやりましたけれども、改めて聴いてみるとすごいと思います。「**やさしさは残酷**」（歌：杉田二郎、1980年）の詞も素晴らしい。

「**地球のどまんなか**」は、どこまで行ってもそこがふるさと　みんな地球のどまんなか、とズバッと言い切ってくれたところに共感を覚えましたね。私は長野県の須坂市という田舎町の出身なんですが、やっぱり田舎出というコンプレックスがあるんです。だが、この歌できたやまさんは都会も田舎も関係なく、みんな地球のどまんなか、と断言されて、私は田舎出のコンプレックスを吹っ切ることができたんです。私はこの歌で勇気をもらいました。

「やさしさは残酷」は人間の本質を鋭くえぐった怖い歌です。羊が実は狼だった、ということはよくありますが、優しさの裏にはひどいことをしてしまう人間の残酷さが隠れているのだ、という本質を鋭く表現しています。「欲望　それは残酷なもの」。おっしゃるとおりです。欲望の前では優しさなんか吹っ飛んでしまうのです。北山修には書けないキタヤマ・オ・サ・ムの怖いところです。

●きたやま　どの曲に関しても、この線でもう一本作ってほしいと言われても作れない歌ばかりです。このテーマではこの曲しかないというようなテーマで書かせていただいた。ラブソングを依頼されるとか、校歌を依頼されるとかじゃない、なんでもいいから作ってみてという依頼のされようだったから、とてもよかったね。

●富澤　それにしても「優しさは残酷」の中の言葉で、「欲望それは残酷なもの」これはなかなか深いですね。いや、深すぎます。

●きたやま　人を傷つけるしね。

●富澤　「みんなすました顔をしているけれど　欲望　それは残酷なもの」という言葉。この言葉から、きたやまさんの翻訳書で、2章でも語っておられた『**ぼく自身のノオト**』（100頁参照）が思い出されました。そこでもう一度、この本についてうかがいたいと思います。

▼『ぼく自身のノオト』の背景

●富澤　この本は印象的な文章が多く、気になったところに線を引いていくと線だらけになってしまうような感じでしたが（笑）、厳選して引きます。

「孤独」については、「孤独になることは、自分を愛して正しく認識するためには、欠くことのできない大切な行為だと信じる」

こういうのもあります。「恐怖は、ぼくが自分自身を避けているというしるしであることが多い」相田みつをさんのようですね。

「もし、書きたいという欲望に、実際に書く行為がともなっていなければ、その欲望は、書きたくない、ということ」

「君のすることがぼくの気にさわってしかたがないとすれば、君の欠点はすなわちぼくの欠点でもあるということ」

「『君が間違っている』というのは、『ぼくが君を理解できない』という意味——君が考えていることがぼくにはわからないだけなんだ」

なぜ、きたやまさんはこれを訳されるようになったんですか？

●きたやま　あとがきでも書いているように、あの時、外の世界に絶望しているところがあったと思うんです。思い通りにならないことが多かった。学生運動の終焉とかもあった。あるいは、若者たちはユートピアのようなことを夢見ていたし、私自身も美しい歌が流れていれば美しい国ができると、他方で強くシラけながらも感じていました、単純にやっぱり。いい歌が流れたらいい国ができると錯覚していたんじゃないか。どこかでそういう信仰、流行りの意識があったように思う。「ラブ＆ピース」という看板を掲げて、そういう高揚した感じは、歌の魔法としてもありました。それが、１９７０年の曲がり角を曲がった時に、そんな甘いものではないというのを突きつけられた。ある意味、自分で自分を騙していたんですね。

私たちはそれで内向きになったと思います。私は少なくとも。現実の旅よりも、心の中の世界を旅しようとしたときに、その本を訳してみないかという声がかかった、というところです。

あの本は編集者が持ってきてくれたんです。それで下訳をしてくださった柳田ゐみさんという女性がいて、その方の文章を生かして実現することができた部分が多い。原作者は男ですけれど、意味や内容に沿うように綴られる訳文が女性的なんです。その結果、文章の感触が両性具有的だと思うんですね。女の人のものとして読まれても不思議はないような文体になったと思います。

●富澤　訳されたのは32歳と書かれています。

▼両性具有性

●きたやま　日本語では「ぼく」とか「ぼく自身」というように表現しますが、英語では男でも女でも一人称はIを使います。英語の文に男性形の「ぼく」はないわけで、今回「私」として訳し直そうかと思ったんですが、「ぼく自身」のままにしておけたのは、中田いくみさんが描いた表紙のイラストが両性具有的な感じになったからです。これは「表せている」と思ったので、「ぼく」のままにしました。

表紙をお願いした時に、そういう雰囲気があるからということを話したんです。そのことを実現してくださったかっこうになりました。

今この話ができることはとても良かったと思います。

というのは、私自身が両性具有的なところが多少あると思うのです。「おさまりが悪い」

部分はどういうところだという話になっていますが、私にとって「コブのない駱駝」の分類できないものというのは、男女というものについてもはっきりした区別を拒む心の部分がどこかにあるからだと思うんです。

どういうことかと具体的に言うと、**由紀さおり**さんの「**初恋の丘**」(71年)、**トワ・エ・モア**の「**初恋の人に似ている**」(70年)だとかを見てみると、私の書いた詞のいくつかは、主人公が女なんです。作詞家というのはそういうことを簡単にできますよね。**永六輔**さんにしても**阿久悠**さんにしても、女が歌う歌を書いているじゃないですか。それは音楽を作る作家にとっては、面白い現象です。つまり女の気持ちを描くことができるんです。一時期「おばさん」を自認しておられた永六輔さんにもそういうところがあったと思うんですが、やっぱりどこか両性具有的だったと思います。

このおさまりの悪さというのは、皆さん自分の中に確認したければ、一番手っ取り早くてわかりやすいのは、自分の中にある男か女かはっきりしない部分、もっとはっきり言うならば、男の中の女の部分ですね、これが歌詞の中で言葉になっているんです。だから、それが死んでいるのか生きているのかわからないような感じだと「帰って来たヨッパライ」になる。「コブのない駱駝」では、馬なのかラクダなのかわからないような部分でもあるし、豚なのか人なのかわからない部分なんです。

今後世界は、もっともっと両性具有性というものに、体が両性具有的というのは難しいのですが、心の中の両性具有性に目覚めないといけないでしょう。たとえば男が育児を手伝ったりとか、お母さんにはなれないけどお母さん役をやるとか、そんなことは日常生活の中では、もっともっと求められていると思うんです。

これを受け入れられない人達がいるとしたら、それは重要な心の部分を活かせていないのかもしれない。

音楽をやり始めた時に、親父に「女の腐ったみたいなやつだ」と言われて、ショックを受けました。女の方にも失礼だし、女性蔑視の典型的な言い方ですね。ひどい言い方だと思うんです。しかし当時言っていましたよね、私たちのやっていることを見て。でも、私はビートルズが長髪で出てきて、若者たちの多くが長髪になりかけた時に、世の中が変わったと思う。自分の中の女性的な部分が居場所を得たと思う。だから、すごく生きるのが楽になりました。そういう感覚があるので、あの時のムーブメントの中に、女性性の解放運動という感覚が、音楽の中には満ち満ちていたと思います。今でもこれは生きている、とても大事な感覚だと思っています。

●富澤　自分のメンタルな領域にある「両性具有」に目覚めるべきだというお話がありました。また1章で、きたやまさんは「自分は女々しいんだ」ともおっしゃっていました。

いま世界的に女性蔑視やジェンダーをめぐる問題が盛り上がっているなかで、うっかり「女々しい」なんて言葉を使うと途端に批判の矢が飛んできそうですが、きたやまさんは女性蔑視についてどんな意識を持っていらっしゃいますか？

●きたやま　私は、思考が何より自由で、言葉の上という範囲なら自由にものが言えて、「女らしく生きよう」「可愛くていい」とか逆に「女らしく生きない」とかいうのも、女の自由であると思うのです。同じように夫婦別姓の問題にしても、もっと自由であっていいし、皆さんが言うように選択の幅を広げるべきだと思う。どちらの性を選ぶかについてもある程度は法律で認められるべきだと思います。

しかし大変な問題は、そうなってくると、夫婦というものはある意味で男女関係によって、つまりセックスで結びつかなくともよい、ということが浮上してくる。男女によるセックスが可能にならないと、子孫繁栄とか生殖とか、次の世代を増やしていくことにはつながりませんから。しかし、この議論についてはいつも実に貧困なイメージで包まれている。つまり結婚というものが、あまり魅力的なものじゃなくなって、セックスレスが増えて、少子化が進み、片方で性犯罪が増えていくかもしれないとか。つまり、男性の「性的失業者」が性空想の相手を失って追い詰められると、極端な性犯罪や性虐待に走ってしまうのでは、という無責任な危惧もないわけじゃない。

いままでは男が女を征服するイメージのうえに「性」というものがあって、そのおかげでもって、育児とセックスの受け手として女性が位置づけられる流れがあったのですが、女性が能動的になると、とりあえずは男のセックスレスだとか少子化が進むという保守派の心配があると思うのです。

だから、ここで将来のことを考えると、異性愛というものが非常に重要になってきます。世の中には異性愛者もいるし、結婚に憧れている人たちもいるので、性関係と育児というものが魅力的で、両性が協力し合って分担し合えるセックスとして再構築されることを若い人に期待したい。いっぽうで、「二〇〇〇年後にはもう地球はないんだから、人口は減ってもいいんだ」ということになれば、それもそうかな、とも思うし……。

その意味で、「性行為と育児」というものを、どうすればもっと共存させることができるのか、その可能性について関心があるのだけど、私にはもう遅い。だけど、いま、どこかに力強く何かの運動が展開しているとしたら、私は「女性性」というものが鍵だと考えている。そこには一種の意識の闘いがあって、それは自分の中にある「女性性」や受身性というものに目覚める機会にもなる。しかし、それを「女々しい」といってしまうと、女の人にも失礼になってしまうし、「女の腐った奴」というのが本当に失礼な表現だということにも直面してしまうのですが、私には「女々しさ」は大事なことだったのです。

いまのこのような状況で私自身、両性具有的であるという部分を肯定できる、ひじょうに貴重な瞬間に立ち会えているのではないかと思っています。女性は男性的に、男性は女性的にということが認められるようになってきている。あるいは共有してもらえるようになってきているのは、たいへん意義のあることだと思っています。

時代とともに旅するということ

▼夏の時代

●**富澤**　話は変わって、80年代のことについてうかがいます。きたやまさんが京都で企画・構成された「夏の時代」というコンサートがありましたね。60年代、70年代に活躍したフォークソング系のアーティストが集まり、第1回は1982年でした。83年が第2回で、このイベントは85年まで続きました。円山野外音楽堂に私は見に行きました。

この時、きたやまさんに取材させていただき、月刊「潮」に連載のひとつとして掲載して、『NEXT　ビッグアーティストが次にめざすもの』という本にまとめました（第2章で前出、84年、第8章207頁参照）。

60年代、70年代のフォークソングが、80年に「ニューミュージック」と名前を変えてビッグビジネスになった。80年代に頂点を極めた人たちが、次にどこへ行くかというのが、この本のテーマだったんです。つまり「ネクスト」、ビッグアーティストが次に目指すものはなにか、ということです。さだまさし、松山千春、谷村新司、長渕剛、高石ともや、南こうせつ、桑田佳祐、そして最後にきたやまさんに登場していただきました。

きたやまさんは60年代後半に「帰って来たヨッパライ」があって、作詞家としては出す曲がヒットしまくっていた。一足先に「ビッグ」になられていた人が、頂点で引退して辞めたということは、その時点で「次に何をすべきか」を指し示しているのではないかと思って、ぜひお話を聞きたいと思ったんですね。

その時にきたやまさんは、私の「夏の時代とはなんですか」という質問に、「もはや青春の〝春の時代〟ではなく、そうかと言って、淋しい〝冬の時代〟を迎えるばかりの〝秋の時代〟でもなく、さんさんと日光をあびる〝夏の時代〟だ」と答えてくれました。私が探していることを、きたやまさんが既にみつけていたのです。

さらに（当時）引退して12年が経って、何者にも煩わされることがなく、歌を作る楽しみを取り戻したきたやまさんが、「夏の時代」でやろうとしていることは何かと質問しました。きたやまさんは、言葉を選んで静かな口調で熱っぽく語りました。「音楽やってる人間の思想として、まずイントロがあって、要するに歌詞の部分があって、そしてコーラスになると。コーラスになると盛り上がると。何回か、一番、二番とうたわれて、またコーラスになる。そうすると最後は繰り返しの部分というのがある。そしてフェイド・アウトというのがあるわけ。で、我々がそろそろこの繰り返しの部分とフェイド・アウトの部分を担当しなくちゃいけないんじゃないかと思うわけ」と、37〜8年前に、同じようなことをおっしゃっていた。

そして、「結局どうしたらいいのか？　ビッグになった人が次に何をしなくちゃいけないのか」という投げかけには、「ファンが年を取っていく過程に付き合うという精神があってもいいと思うんですね。要するに、ファンが年を取っていき、そして、歌い手も年を取っていく過程に付き合うという精神が、あまりにも稀薄なんじゃないか」と。まさに言い得て妙、いまにも当てはまりますね。

●きたやま　若い人たちのための歌しかないみたいなことですね。そう思います。芭蕉がすごいのは、月日も旅人だし、それに乗っかって旅している人間も旅人だし、みんな旅をしているじゃないかと言っていること。私は同様に、時代とともに旅をしていった感じ、同世代の人たちと一緒に歩いてきた感じがすごくある。あのとき、自分の言ったことがすごくよくわかります。

▼Age Free Musicのヒント

●富澤　その時にきたやまさんと話をして感激したのは、「じゃあ富澤、『夏の時代』に出てきて喋ってくれ」と言われたことです。それで「ニューミュージックは終わった」というタイトルで、これからどうしようかという話をしたと思います。

これは、その後の私にとって重要なきっかけになりました。あの時は、ビッグになってひと山越えたアーティストが次に何に向かうのかがテーマだったのですが、それがあって、今私がやっている「大人の音楽・Age Free Music」につながっていきます。

「大人の音楽」を提唱したのが2008年です。「演歌・歌謡曲」でもない、「Jポップ」でもない、良質な大人の音楽を「Age Free Music」と名付けました。「みんな若かったとき思っていたことを歌にしたように、今、思っていることを素直に歌ってほしい」というのが、Age Free Musicのメッセージなのです。その元は、きたやまさんの「夏の時代」なんです。

●きたやま　**「前向きに倒れてみたい」**（2006年）という曲は、年をとってからじゃないとできない歌だと思うんです。そういう意味では、若い人たちの若者に向けた若者による音楽というのが、音楽ビジネスの中心にあるわけだけれども、年を取ったアーティストによる年寄りの歌があってもいいんじゃないかと思っていた。その前は中年だったんですが、中年の歌があってもいいじゃないかと思っていました。だから、セックスの歌だとか、あるいは欲望が残酷であるとかいう歌を書けたんだと思うんです。若い時には絶対に書けないですよ。だから私は自分の年齢に正直であった、それしか書けなかった、年齢で書いてきたんだと思います。

●富澤　たぶん70年代のフォークの人たちも、同世代を意識することなく、同世代の歌を歌っていたんですね。

●きたやま　他の方はどんな感じだったのかは言えませんが、私はそうでしたね。

●富澤　プロとして生きていかなければいけないから、同世代じゃなくて下の世代に向かって歌を歌っている時代があって、「われわれはどうなっちゃったの」というのがありました。それが、皆さん60歳、70歳になって、またあの時のように今の気持ちを素直に歌にしてくれれば、また共感を呼ぶことがあるんじゃないですか、そういう歌を作ってほしい、というのが私のメッセージです。

●きたやま　富澤さんの立場からはそう言うだろうけど、私にしてみれば、もう十分作ったからね、もういいんじゃないかと思うんだよ。「フェイド・アウト」の瞬間だから。そういう部分があるから、いまはフェイド・アウトであり、反復の瞬間。これは宝だと思います。音楽人生、音楽を作りながら生きてきた、幸せなことです。だってこの最後のところで歌う歌がいっぱいあるんですから。聴かなきゃいけない歌がいっぱいありますよ。

●富澤　「こういう歌が聴きたかった」という歌を、きたやまさんに作って欲しいと思うんです。

●きたやま　まだ足りないといえば足りないんでしょうね。それは楽しみなんですが、私のところに曲を持ってきてくれる人が、みんな死につつあるので。死んじゃったり、もう相方がいないという感じがします。だから、むしろ富澤さんとこうやって本を作っているのが楽しいということになるんですよ。

▼「きたやまおさむを英雄視してはいけない」について

●富澤　ひとつ避けて通れない話題があるんです。それは私が評論家デビューしたてのとき、「きたやまおさむを英雄視してはいけない」という発言をして、結構評判になったというエピソードです。

これは雑誌に載ったのではなく、ラジオでしゃべったのですが、その前に音楽雑誌の「新譜ジャーナル」に投稿した私の文章があるんです。それは岡林信康批判です。岡林さんが『俺らいちぬけた』（71年）というアルバムを出して、岐阜の山奥へ引っ込んだんです。そのとき私は「岡林さん、ちょっと違うんじゃないですか。私達を盛り上げるだけ盛り上げておいて、自分だけいなくなっちゃうのはいかがなものか。岡林さん、おいらいちぬけたくないよ」という評論を書いて、投稿したのが認められて、初めて活字になったんです。それが私のデビュー作で、１９７１年の10月のことです。

その時に「新譜ジャーナル」が、ラジオ関東で「ディスカバー・ヤング」という番組のスポンサーをしていたんです。その「新譜ジャーナル」の編集長の塚原稔さんが、「君、面白いね、うちで書いてみるつもりはないか」と言ってくれたんです。で、ついては「うちがスポンサーをしている番組がラジオ関東（現・ラジオ日本）にあって、評論家部門があるので、評論を書いてしゃべったらどうだ」と。そこで「きたやまおさむを英雄視してはいけない」ということを、ラジオで喋ったんです。

その時にしゃべったのは、岡林批判と同じようなことだと思います。きたやまさんが「帰って来たヨッパライ」でミリオンセラーになって、「戦争を知らない子供たち」がベストセラーになって、出す曲が全部ヒット曲になりました。これはすごいと。ところが岡林さんと一緒で、いちぬけたと引退してしまう。盛り上げておいて、自分だけひょいと逃げちゃうのはいかがなものかと。われわれは現実に向かって闘うべきだというような話をしたんだと思います。

●**きたやま**　それを伝え聞いたんですね。

●**富澤**　ラジオを聞いた人が、きたやまさんに、富澤が批判してるという話を伝えたんではないでしょうか。

●**きたやま**　それは私の深夜放送も終わりかけている時でしょうね。たぶん1971年くらいでしょう。私が完全に大学に戻る頃ですね。フォークルをやめて、臨床実習のようなところに参加して、それで医学教育が本格化していった頃です。私が医師を職業とするならば、学業に埋没するしかないくらいの勉強量を求められるところに差し掛かってきたことに並行していたんでしょう。

でも明らかに現場の音楽状況は大変だった。ユイ音楽工房の後藤（第1章28頁）が「きたやまさん、いい時にやめますよ」と言っていたのが、本当に記憶に残っています。そういう状態だったので、外部からは「逃げた」と言われても全然おかしくないような去り方だったと思います。

やっぱり関西フォークから「ニューミュージック」になっていくあの瞬間は、正直、ついてゆけなかったです。それと富澤一誠の批判は軌を一にしていました。「ニューミュージック」への移行期ですね。

深夜放送が終わったので、東京に行かなくなったんですよ。草笛光子さんと一緒に「23時ショー」というテレビの司会もやっていましたが、全部終わりました。

▼「嫉妬」が動かす

●富澤　きたやまさんは引退、入れ替わるかのように私がデビューなんです。クロスしたんですね。それでなぜ「きたやまおさむを英雄視してはいけない」ということを書いたのか、ひもといてみたんです。

きたやまさんのことを好きだというのがあって、いきなり引退ということになってしまうので、それはないでしょうと思ったのが事実なんですが、そこには深層があると思うのです。きたやまさんには『**帰れないヨッパライたちへ**』という本（２０１２年、ＮＨＫ出版新書）がありますね。この中で「嫉妬」が人生を動かしているということを展開した章があります。これを読んでいて思ったのは、私はきたやまおさむさんに嫉妬したんですね。その嫉妬がそういうことを書かせた。

きたやまおさむさんはすごい、とわかっているんです。じつは俺もそれをやりたかったんだ、それを先にやられてしまった、という思いがあったと思うのです。尊敬と二面性、尊敬の裏にある嫉妬心が、自分も何かしなきゃいけないということで、「きたやまおさむを英雄視してはいけない」と言わせたんじゃないかと、50年経ってあらためて思っています。

●きたやま　これは世の常だから、芸能界は特にそうだと思うんだけれど、「ああいうふうになりたい」と言ってみんなやってくるわけです。私たちもそうだった。「あんなふうにやりたい」とか、「あんなふうになってみたい」とかという思いがフォークルにもあったと思う。それが「帰って来たヨッパライ」を作らせるし、デビューということにも繋がるし、そのエネルギーが300万枚に近い数字を生むんだけれど。同時に、「あんなふうにやれるんだったら、俺もやってみたい」という人達がやってくる状況を迎えていたと思うね、1971年頃の状況は。

それに富澤一誠が嫉妬を感じて、「ああいうふうになってみたい」と思えたのは、当然だと思うし、そのエネルギーに圧倒されて、私たちは駆逐された。しょせん遊びですから、ひどく傷つかないうちに逃げ出したと言ってもいいんじゃないでしょうか、そう思います。

嫉妬ってすごく大事なエネルギーだと思います。フランス革命にしても、いろんな革命は、「持たざる者」が「持てる者」をやっつけ、上っていき、成功する。1章でも話しましたが、音楽界だけは、革命が簡単に可能になる世界だったと思う。他のものは、エスタブリッシュメントはなかなか壊れなかったけれども、音楽の世界やマスメディアの世界は、新陳代謝がすごいし、それが激しく起こる。それは嫉妬がエネルギーになるからです。その意味でも重要な場、ステージだと思います。

だから富澤一誠が私を叩いているというのが聞こえてきた。記憶に残っているのは、そのときは身近にいた仲間も私のことを批判していたように聞こえたし、「俺はそろそろ潮時だな」と思いました。それが1972年頃ですね。さっき言ったNETテレビの23時ショーは、71年6月までやっていたので、最後のところを覚えています。「そろそろ帰ります」みたいなことを言っていました。深夜放送もその頃までだったんじゃないかと思います。で、東京に行かなくなった。完全にといってもいいほど、マスメディアからは遠ざかります。

●富澤　深夜放送の「パック・イン・ミュージック」で、きたやまさんの、毎回最後のご挨拶がありましたよね。「ご清聴ありがとうございました」。あれが僕は好きで、自分が深夜番組をやった時に、使わせていただきました。それだけ影響を受けていた。尊敬していたんです。

●きたやま　でも、私は批判している人だという認識でしたよ。尊敬されているとは思っていませんでした。大事なことですよ。音楽界の中で、あるいは文化の中では、批判や論争、対立や緊張があっていいと思うんです。だからこの本は、皆さんおかしく思うところは、そこの部分じゃないかな、つるんでるみたいに思うから。ここから対決モードでいいんじゃないかと思いますよ。そういう部分があってもいいし、ないと空しい。

●富澤　おさまりがつかないところがいいんじゃないでしょうか。

▼フォークの転換点をめぐって

●きたやま　私は、（70年代のはじめ）やっぱり陽水、拓郎の時代が来たと思いました。富澤一誠も、その次の世代、関西フォークの次の波に彼らを位置づけていたと思うんです。その時、陽水の歌の上手さ、音楽的な才能の豊かさ、拓郎の激しいエネルギー、そして彼らには、ワイルドかつ洗練された能力とか、地に足のついたところに立っているシンガーの力とかがあった。

私はシンガーソングライターではなく、当時音楽制作、作詞家のほうに身を置いていたから、よけい羨ましく思いました。本当に自分で作って自分で歌を歌う人がやってきた。私たちは分業して、ビートルズみたいな状態でしたから。ビートルズは、その後ポール・マッカートニー、ジョン・レノンと、独立していきますが、独立していくところには、私は乗らなかった。多くの人達と一緒にやっていたからこそ、私があそこに置いていただけたんだと思うんです。これまでお話ししたように、私が作詞家だったから作曲者がいた、あるいは声をかけてくれる人がいた。私の生き方とともに歩んでくれた仲間があったからそれは可能だった。

それまではグループの時代だったのが、ソロのシンガーソングライターの時代に入った気がします。グループの時代は、西部劇でいうなら『**駅馬車**』（ジョン・フォード監督、1939年）の時代だし、少年向け小説でいうなら『**十五少年漂流記**』（ジュール・ヴェルヌ、1888年）『**ロビンソン・クルーソー**』（ダニエル・デフォー、1719年）だった。ロビンソン・クルーソーとフライデーの出会いとか、そういうグループで生き残っていくことが主題でした。『**七人の侍**』（黒澤明監督、1954年）のグループでは、4人ぐらい生き延びるみたいな。ビートルズも4人いたことが、非常に重要だったと思うんです。ソロシンガーだったら、あれだけのブームにならないと思う。フォークルも3人いたからできた。私もその一翼を担うことができた。それは、グループの中の重要なパーツとして入れてくれたからだと思います。

それからはソロシンガーの時代です。陽水、拓郎、ユーミン、ニューミュージックの時代は、一人にスポットライトが当てられる。そういう時代に入ったんじゃないでしょうか。それに対し、僕らは「一人ではそんな責任は取りきれないよ」と思いました。

70年までのライブレコードをお聴きになったらよくわかるんですが、さっき話題になった岡林でも、「ごめんなさいね」とか場違いな感じを引きずってやっていました。これがスターになるなんて場違いなんだという感じ。私もそうでした。

ところが、1970年以降のライブレコーディングを聴いて面白いと思うのは、「こんばんはイルカです」って出てくる。あの時の転換はすごい。自分の意思でここに来ました。谷村新司も「来ましたよ、僕」という感じで登場しましたね。だから、関西フォークとそれ以降との違いは、そのつもりで出てきた、ということでしょうか。

●富澤 最初からその気でしたね。

●きたやま だから、下積みでコツコツしっかり準備して、出番が来たんで出てきた。その時、関西フォークの連中は、自分でアマチュア時代から中途半端にやっていたら、たまたまスポットライトが当たった感じで、借りてきた猫みたいな状態でしたね。岡林ももう「帰るわ」という感じで、「面倒くさいし」というのが本音だったでしょう。富澤一誠がごちゃごちゃ言うんだったら、「帰るわ」という感じでした。「俺（おい）らいちぬけた」というのが、すごくいいセリフですね。それだったら「帰りますわ」という感じ。

それに対して、拓郎は「元気です」って言って出てくるんだから。アルバムのタイトルが『**元気です。**』（72年）だし、それは元気だろう、元気にやってもらいましょう、それじゃあどうぞという感じ。

●富澤　この時代はすごくいい時代で、ラッキーだなと思ったんです。もちろん岡林信康さんも好きで、でも、岡林さん、いちぬけたはないよと言い、きたやまさんを尊敬していますが、英雄視しちゃいけないと言ったんです。本音のところでいうと、評論家の大宅壮一さんの本を読んでいたら、人物論というのは二つしかないと。今売れている人を叩くか、これからの人を持ち上げるか。そこで、岡林さんも、きたやまさんもすごいと思うけれど、逃げるのはよくないと思って、よし書こうと思いました。一方で、拓郎さんの「**イメージの詩**」（70年）、「**今日までそして明日から**」（71年）はすごいと思ったんです。結果的に、岡林信康さん、きたやまおさむさんを批判しつつ、吉田拓郎さんを引っ張り上げた。それは大宅壮一さんの本を読んだおかげで、たまたまそういうことになったのです。

▼ショービジネスもSNSもコロッセウム（闘技場）かもしれない

●**きたやま**　たまたまではなく、あなたの心の中にあったんだよ。それは重要なことだと言っている。私も新しい時代が来ると思った。時代はいつもそうなんだよ。舞台の上での戦いを求める。それを私は充分思い知っている。ショービジネスという劇場は、コロッセウム（闘技場）なんだよ。要するにみんなの前で、戦士が猛獣にくわれて死ぬところを見たがっている。誰かが勝ったり誰かが負けたりするんだよ。そのことを知っていないと、ここに参加してはいけないと思う。

私はその後、サーカスの研究をして、ピエロの学校に本気で志願することまで考えた。サーカスというのはコロッセウムが原点で、グラディエーター（闘士）の世界。奴隷が戦わされて殺されるところを見せるわけ。そういうところなんだよ。ここは日本人に向いていないかもしれないと思う。日本人は誹謗中傷されることにすごく弱いですからね。

私はこの場を借りて申しあげておきたいんだけれど、TwitterとかSNSと言われる世界は、どうしても誹謗中傷のために開かれた闘牛場になりやすい、ということ。今のところは弱者のための言葉の「爆弾」が用意されているかもしれない場でしょう。比喩的にいうと、言葉の毒薬が仕掛けられたりする。

それをあなたは「関西フォーク」対して撒いたんだよ。そういうものを聴衆は喜んだ。

なぜなら、私たちだって既成のエスタブリッシュメントに対して、ある意味闘いを展開して、ある意味で勝った。そういう下剋上みたいなものを、人々は待っている。ゆえに文化の活性化のためにはその運動を硬直化させてはいけない。

下克上が簡単に起こるのが、ショービジネスなんだよ。だから俺たちは負けたんだと思うよ、明らかに。負けて撤退するところを、あなたも俺たちの退場の肩を押したんだよ。大事なことだよ。私はそれで、なんでこんなふうに言われなきゃいけないんだろうかと思った。そのときは、コロッセウム体験だったなんていう私の理解はまだなかった。

▼「おっとどっこい生きてるぜ」

●きたやま　1972年に医学部を卒業したのですが、その前後に、マスコミ体験の「空しさ」を整理するために悪戦苦闘していた私は、サーカスの歴史の勉強をするんです。そしてまた、**『ピエロのサム』**（71年）というアルバムを出した。サーカスというこのショービジネスでは、長く生き残れるのは、猛獣使いでもない、空中ブランコ乗りでもない、ピエロが生き残りやすいんです。スターの空中ブランコ乗りは失敗すると大怪我するし、猛獣使いも大怪我する。生き残るには、笑わせて、戦わない人間が生き残れるんだと。

それで、医学部を卒業したときに、米国の「クラウンスクール」というところの願書まで取り寄せたんです。いつものことだけど、半分は本気だったんです。ピエロ学校の卒業試験がクラウニング。道化をみんなの前でやって笑わせたり、あるいはジャグリングといって曲芸みたいなことをやって卒業する。そういう卒業試験の場面を何度も見て、それに感動してこれに逃避先として参加したいと思ったんです。

そしてほとんど同時に、サーカスの勉強しながらわかったのは、大衆というのは、誰かが勝ったり負けたりするのを楽しみにしているということ。

それは、私の目の前に起こった「大惨事」に重なります。71年の**3回目の中津川フォークジャンボリー**で、吉田拓郎派が舞台を乗っとろうとして、岡林信康チームが帰ってしまったという大事件です。「岡林ー、戻ってくれ」と、舞台の上で叫んでいた少年の声が今でも頭に残っています。あの時、舞台に向けて花火が打ち込まれたり、旗が燃えたりした。その光景と重なるんです。人はそれを見たがっていた。

私たち「関西フォーク」は、中津川フォークジャンボリーで終章になって終わったと思っているけれど、あれこそが私たちが仕掛けた最後の大きなショーでした。チャールトン・ヘストン主演の『**地上最大のショウ**』（セシル・B・デミル監督、52年）という映画があって、最後のところでサーカステントが大火事で終わる場面があるんですが、そういう場面を私たちが作った。サーカステントの火事というのは江戸の花火みたいなもので、みんなそれを楽しみにしているんだよ。富澤一誠もその中のグラディエーターの一人だったということ。

●富澤　あの事件で、関西フォークから青春フォークに代わりますからね。岡林さんから拓郎さんに政権が移るわけですから。

●きたやま　そういう時代に立ち会った。私たちはその演出家で出演者だった。このメタファーをかりて同時に言っておきたいのは、SNSなどで誹謗中傷されても、それで生きるの死ぬのとなって、悲しいことに、本当に命をかけて退場する人がおられるようです。もちろん冷たい傍観者や責められるべき加害者が複数いるのですが、被害を受けた人たちがそれを受け止めてこなすには楽屋が必要だ、ということ。気をつけなきゃいけない、物語として出演して舞台から退場するのと、本当に現実から退去しなきゃいけなくなるのとは話が違いますから。これは若い人に伝えねばならない。私たちは物語としては負けを認めて、舞台から撤退したんだと思います。でも、楽屋では「おっとどっこい生きてるぜ」というのが、「俺（おい）らいちぬけた」というセリフにあるんじゃないでしょうか。

●富澤　きたやまさんのおっしゃるとおりです。今売れている人を叩くか、これからの人を持ちあげるか。人物論というのは二つしかない、というスキルを私は大宅壮一さんから学びましたが、そのスキルを使って、私は「あえてやった」のです。その意味では、岡林信康さん、きたやまおさむさんという当時のスーパースターと刺し違えようと思ったんです。無名の自分が世の中に出るきっかけはそれしかない、と腹を決めていたんです。それが見事に功を奏したということでしょうか。

岡林さん、きたやまさんは共に大横綱でした、だから私の攻撃を堂々と受けとめてくれました。そこが現在のＳＮＳの誹謗中傷とは違います。我々の時代は強きをくじき弱きを助けるという志を持っていましたが、現在は弱者をたたく、つまり「いじめ」です。ここからは新しいものは生まれないのではないでしょうか。マジではない。ビジネスです。その本質がエンタテインメントなのです。

ロンドン留学で得たもの

●富澤　話は変わるのですが、イギリスに留学されていましたよね。それまではホームグラウンドが京都で、ロンドンに行って、はじめて上京者というか、越境者の気持ちというものを体験されたのではないかと思います。それは、それまでのきたやまさんの歌の世界にもなかった現実だったと思うんです。

●きたやま　上京したといえば東京には仕事で出かけました。本当にもみくちゃにされた経験があって。そしてその後、京都へ戻っても、そんなにプライバシーが守られるような生活じゃなかった。そしてその後、札幌に行くんです。札幌医科大学で研修をしたんですが、その時も患者さんが私の過去に影響を受けて刺激されるので、落ち着いて勉強ができなかった。なので、私は医者として新人ですし、まったく何もできない状態だったので、研修をロンドンで始めようと。

ロンドンでは一研修生として生活を始めた。そういう意味では、「私」だけになったんです。孤独になった。周りに誰もいなくなった。もちろん家族はいましたが、周りに誰もいなくなったというのが、私にとってまずはロンドン生活で非常にありがたかったことです。

それとやっぱり、「自分はロンドンで通用するのか？」ということがものすごく不安でした。浮ついた状況であったし、私が私であるということを、なかなか感覚として得られない状況だったので、ロンドン生活では、「私が私なりに通用するのか?」ということがテーマでもあった。

その結果として、ロンドンで患者さんにも認められたし、同僚にも認められたという経験で、「私のような者でも少しは人様の役に立てるかもしれない」という自信のようなものを持てるようになった。私にとってはそのことが非常に大きかったと思います。

それになによりも、人の心を言葉で表現したり、人の心を言葉で取り扱ったりする作詞家という仕事、あるいはミュージシャンという仕事が、精神医学においてはすごく重要で、その経験が私の精神科医としての仕事にすごく役に立つものだということがわかった。

私は一時期、音楽と精神医学という学問は両立しないという悩みのなかに追い込まれていたんです。芸能人が医者なんかになっていいのか。もちろん**北杜夫**さんとか、**なだいなだ**さんとか、明治まで遡れば**斎藤茂吉**さんとか、不遜ですがたくさん大先輩がいるんです、この業界には。

文化と医学の間を取り持った人たち。特に精神医学を取り持った人たちがいっぱいいるのに、私は全然気がついていなかった。ロンドン留学は、そのことを私に気づかせてくれたのです。それは私にとって、足元を見つめさせられる体験だった。

つまり文化と医学というのは表裏一体で、それで**手塚治虫**さんもそこで仕事をしたのではないかと思うし、医学と文化というのは、非常に大事な表と裏であって、それはどちらも人の心を掴んだり、人の心と交流したりすることです。私はそのために必要なトレーニングを歌の世界で、運良く作詞という作業によって準備していたんだ、ということをロンドンで発見したのです。

▼遊びは心の重大事につながっている

●富澤　日頃から「精神科医も作詞家も、人の心の空洞を埋めるのが仕事である」とおっしゃっている、きたやまさんの原点のようなものがロンドンにあったわけですね。

●きたやま　それは精神分析という**フロイト**の思想、あるいは**ウィニコット**という実践の思想、つまり精神分析にあった。学問と遊びやクリエイティビティは共存するのであって、遊びからクリエイションが始まる。それは、playという英語が表現するように、遊びが劇の意味を持っている、子どもの遊びが大人の演劇になっていくのだという発想。英語、ドイツ語の発想なんですよ。日本人も戯作文学というように、戯れと芸術、あるいは創造性というものは隣り合わせにあることを知っていたし、遊女の歌で「遊びをせんとや生まれけむ」という表現がありました。

つまり遊びというのが、フォーク・クルセダーズであり、歌であり、フォークソングであるとしたら、それが芸術的創造につながっていく。結果としてそれが人生を豊かにしてくれるかもしれないという可能性を、体験とロジックの両方で説明してくれる学問体系に出会った。それがロンドンだったわけです。まさに「我が意を得たり！」という感じでした。

とくに私は**ルイス・キャロル**が書いた**『不思議の国のアリス』**の大ファンなんです。この作品の持ち味にもなっている言葉遊びや、冗談やダジャレは、**ビートルズ**にもつながるものだ、と思っていた。ところが、作者のキャロルという人の本名は「ドジソン」といって、彼は数学者なんです。つまり学者が「アリス」を書いたわけです。それをロンドンではじめて知ったとき、「あっ、そういうことか！」と思わず膝を打ちました。それまでの私はそんなことを全く意識していなかったけれど、学問と芸術は表裏一体なんだと……。

●富澤　歌でも芸術でも、作品のどこかに「遊びごころ」がないと、受け手に届きにくいということはありますね。どこかに押しつけがましさのある歌には素直に感動できない。

●きたやま　今回の対談のなかで私は、吉本興業とか、面白いことだとか、楽しい出来事が、同時に心の重大問題につながるということを繰り返ししゃべってきました。つまり、両者は隣り合わせになっているんだけど、それでもいいんだという考え方ですね。ロンドン体験によって、私はこうした感覚の理論的裏付けをはじめて得たのです。

それは**ジョン・レノン**が言っていたことでもあるし、**マザーグース**という童話は、ものすごく大変な真実を子どもの歌を通して言っているわけだしね。

●富澤　そのロンドン体験が、後のきたやまさんの歌詞にもフィードバックしてくる。

●きたやま　それは**杉田二郎**の「**題名のない愛の唄**」がそうでした。ロンドンの成果ですね。こういった、我が意を得たりとか、なるほどそうだったのかという経験をする場所として、ロンドンという場所はとてもいい選択だったと思う。あのとき、ボストン、フィラデルフィアに行くという話もあったんだけど、ロンドンを選んでよかったと思います。

音楽は「癒やし」になるか？

▼「立って歩く豚」をめぐって

●**富澤**　ここで、もう一度「**コブのない駱駝**」に戻らせてください。詞のなかに出てくる「立って歩く豚」という表現、これがずっと喉に刺さった小骨のように引っかかっているんです。

人のメタファー（暗喩）には違いないんだけども、ふつう人間を動物にたとえるときには「パンツをはいた猿」とか、猿が一般的だと思うんです。それをあえて「豚」と表現したところがきたやまさんらしいところで、一種のアフォリズム（警句）とも受け取れるわけです。

●**きたやま**　これもアフォリズムといってもいいんですが、「太った豚になるよりも痩せたソクラテスになれ」という言葉があったと思います。ふつうは愚者のことを「猿」とか表現することが多いと思いますが、「豚」という言い方は面白いと私は思っていました。

さきほど「**欲望　それは残酷なもの**」の話題が出ましたが、貪欲さとか、人が怪我するところや死ぬところを見たがっているとか、勝ったり負けたりの戦いを見たいという、残酷な欲望が大衆の心理としてある。しかし、そういったことに対して貪欲であるのは恥ずかしいことで、それを露骨に表現することはできないだろうとみんなが感じている。だけど、どうしてそれほど欲望に対して遠慮しなくちゃいけないのか、私には疑問なのです。

やはり、人は「立って歩く豚」だと。今でもどこかでそう思っている。

精神分析では、人がコントロールするのにすごく苦労しているものの代表として、欲望の部分、性欲だとか攻撃衝動をあげています。当時の私が「豚」と呼んだのは、精神分析でいうところの貪欲、あるいはさっきの歌の中に出てくるような欲望なのではないかと思います。

●富澤　つまり、欲望の塊である人間は「豚」であると。

▼大衆の欲望のはけ口

●きたやま　その欲望をどう処理するのかが非常に難しい。本来、大衆が持て余している欲望は、文化が引き受けていかなければならないんです。でも、取扱いによっては大怪我する。大火事が起こりかねない。もっと現実的なことをいうと、たとえばコンサートのときに客席の第一列に座っている連中は関係者か、あるいはちょっとはみ出した人たちが並んでいるわけです。舞台に立っている我々ミュージシャンから見ると、彼らはちょっと心配な人たちなんですよ。もっとも、狂言と言ったり歌舞伎と呼んだり、つまりショービジネスは狂気とともにないと、大事な命の部分を失うことになる。逸脱というのはエネルギーにもなるわけですね。

そうした逸脱を引き受ける受け皿の底が深いほど、ショービジネスはたくましいものになる。人の「生き死に」を取り扱っている分だけ、観客は興奮するし、はけ口にもなると思うんです。それを私たち（ショービジネスに携わる人間）は引き受けている。

またサーカスの話になるけども、映画にもなった『**グレイテスト・ショーマン**』（マイケル・グレイシー監督、２０１７年）というミュージカルのなかに登場するＰ・Ｔ・バーナムというアメリカの興行師が私のアイドルで、米国のサーカスの創始者なんです。私はサーカスの歴史に詳しいもんだから、彼の伝記がついにミュージカルになる時代がきたんだな、と思いました。彼こそが、見世物をショービジネスにするんです。異形な人たちをビジネスにした。そういう部分を日本のショービジネスも古い歴史として持っているし、観客は「われわれは人前に立っている逸脱者である」というところを、見たがっているのではないかと思うのです。

▼「卑しい」から「癒やし」になる

●**富澤**　大衆の欲望のはけ口としてショービジネスがあるという考え方はよく理解できま

す。同時にショービジネス、わけても音楽には人を「癒やす」力もあるのではないか、と私は思っています。

●きたやま　アイドルにしても、かつてのフォークルにしても、人々の野卑な欲望を引き受けるのが音楽だと思う。大衆のための歌なんて、そんなレベルじゃないですかね。だから富澤一誠も「英雄視するもんじゃない」と言った。たかが音楽ですから。

馬鹿にしたり、軽蔑したり、罵ったりというのがあってこその受け皿だと思うんです。そういうものを引き受けて、そういうものを取り扱っている。だから卑しいんです。卑しいものを取り扱うからこそ、癒やしになると思うのです。水を欲しがっている喉に水を提供して渇きを癒すんですね。あるいは、慰安という、慰みを与える仕事、それは芸能の仕事ですね。

慰めというのは、娼婦の役割だったり、あるいは水商売とか風俗だったりもするわけです。こういうものと連動している部分を持っているからこそ、癒やしになるんだと私は思います。だから音楽に力がなくなったとするなら、ぽっと出が音楽に参加できるとか、あるいは卑しい身分の者が芸能に参加できるという、そういう下から上への運動がなくなってしまったから、音楽に力がなくなってしまったのではないか、私はそう思います。むしろ、お笑い、ファッション業界だとか漫画業界のほうが、卑しい部分との連続性を感じさせるところが残っている可能性があるんじゃないですかね。

▼音楽と「癒やし」の関係

●富澤　ということは、きたやまさんは音楽に「癒やし」なんか期待していない？

●きたやま　汚いとか、匂いとか臭いとかというものとともに、音楽があったのではないだろうか。やっぱりショービジネスというのはダーティなのです。ミュージシャンが登場する映画はどれを見ても、一時期は薬物中毒に陥ったり、最後に死ぬことが多いです。カントリーの物語で『**カントリー・ストロング**』（シェナ・フェステ監督、２０１０年）という映画があるんですが、主人公は突然死ぬんですね、大成功の舞台の裏で。私はそういうショービジネスの、生死をかけた残酷な物語にこそ魅力の源泉があると思うのです。

それは、一般の人が世の中であまり経験できないこと、あるいは抑圧されていること、人の「生き死に」に関わる問題を、舞台の上で昇華しているということです。タブーが文化の中に許容されるような形で表現されるのを「昇華」というけれど、そういうところを私は文化に読みとって、音楽にも期待したい。キレイごとではないですよね。

●富澤　これは精神科医としてのきたやまさんにお訊きするのですが、リスナーのなかには音楽に癒やされたいという人もいるし、ストレスを解消するための「音楽療法」というものもありますけれど……。

●きたやま　根源的な治療というか、治療は原因療法ではないと治療とはいえないので、大衆音楽はあくまでも対症療法ですね。傷ついた人たちの痛みを一旦忘れさせる機会にはなります。その効果はとても大きい。対症療法としての力はすごくある。でも、昇華という、ドライアイスのごとく固体が気体になるように、全然違うものに変形される。欲望が変形されて空中に放出されるというようなものこそ、私は根本的な治療だと思いますが、それはめったにない。

一時期……というか、いまでもポルノグラフィが性衝動をコントロールすることに役に立っている部分があると思うのです。わいせつな出版物というのは、ある程度必要なわけです。その部分では卑しいけれども、癒やしになっている可能性はあると思います。

そういうようなことを音楽に期待しにくくなっているなと思います。それは作り方が綺麗になっているからじゃないかな。

私たちが音楽に参加した頃は、本当に怖い世界でした。管理が不行き届きで、花火が舞台にぶち込まれたりしたんです。それがさっき言った、中津川フォークジャンボリーの第3回目なんですよ。それ以降、「お席から立ち上がるとコンサートが中止になります」というアナウンスが流れるようになりました。それまではコンサートで、トイレが壊れたり、シートも壊れたりすることがあった。それでも舞台の上では「今日もとことんやろうぜ！」なんていって。その頃は本当にきわどかった。残念なことだけど、お一人か二人死んだりもしたかもしれない。そういう残酷さを考えると、今は安全で管理された音楽になってしまいました。仕方がないですね……。

「コロナ」時代の心の歌

▼コロナ禍の空白を埋めるには

●**富澤**　今回のコロナ禍で、私たちはさまざまなかたちで行動を規制されることになりました。きたやまさんもなかなか好きな旅に出られないと思いますが、この状況をどのように受け止めていらっしゃるんでしょうか。

●きたやま　私は医者ですから、医療というものをものすごく信用している。ワクチンについても、科学的な英知の集結に関しても、わりと楽観的に期待しているほうです。日本では圧倒的に死亡率が低いという数字の上での感覚は、同僚の医師たちとともに共有しています。そういう意味では、どちらかというと楽観的に考えています。

しかし、旅の話で言ったように、旅好きの日本人が、それも「出立のとき」といわれてきた青年期を迎えている若い人たちが、旅をしてはいけないということになると困ったことになる。中年も老年も旅好きですし、いままで「人生は旅である」といってきたのに、今年はどこにも行かなかったから、この一年間なにをしていたかわからないという人が、けっこういるんです。どこにも行っていないという感じがあると、何もしていないのも同然なんです。

でも、心の旅はしているんですよね。ただ記録に残せてないから、みなさん今年一年、なにをしていたのかわからないというような一年だったと思うんです。おそらくこれからの一年も似たような日々が続くと想像されるので、「記憶に残る一年」にすることが、すごく大事なことだと思うんです。

なぜ記憶に残らないか。スマホやら何やらですぐ写真に撮りたがるからだと思う。ところが、心の旅というのは写真に撮れないんです。写真に残らないんですよ。心の心象風景、心の中の景色は、言葉にして記録に残さないと、記憶に残りにくいんだろうということがわかった。ぜひ内面の言語化、心の中を言語化することを心がけてほしいと思うのです。

●富澤　「言葉として記録する」というのは、おっしゃるとおりだと思います。私が教えている尚美学園大学の学生たちにも「君たちは、見えてはいるんだけども何も観ていない、聞こえてはいるんだけども何も聴いていない」ってよく言うんです。つまり、真剣に観て、真剣に聴かないと記憶には残らない。記憶に残っていないことは言葉にできない、ということですね。

●きたやま　今回の富澤さんとの対談も、半分ぐらい自分の心の中を眺めながらお話ししました。目をつぶると、もっと世界がよく見えるようになるというのもそうだけれど、心眼＝心の目というのが開かれると、内面が見える。人の内面も自分の内面も。というふうに私も思うので、ぜひ外に出にくくなった分だけ、内面を見つめる機会にしてもらいたいです。

あるいは、それを記録する機会にしてもらいたい。日記とかブログとか、内面を言語化するというのをなさったらいいかがかなと思います。こういうことが今起これば、また忘れていたことに目覚める。そして人が心を言葉にして物語にすると、自分が支えられている感じがするので、心の健康にも良いようです。

▼「いい歌」とは何か？

●**富澤**　よく「いい歌とはどんな歌ですか？」という質問を受けるんですけど、その答えとして私は「いい曲イコールいい歌ではない」と返すようにしています。つまり、いい曲はそれにふさわしい歌い手が歌ってはじめて、いい歌となって、たくさんの人に聴いてもらえる、と私は思っているんです。

●**きたやま**　たしかに歌手はものすごく重要な位置を占めると思うんです。私たちは、**ボブ・ディラン**を支持したり、**ピーター・ポール・アンド・マリー**を支持したり、**ビートルズ**や**ジョン・レノン**だったり、**フレディ・マーキュリー**だったり、**エルトン・ジョン**だったり……。そういうことを考えると、良いシンガーであるというのは重要だけれど、何よりもその人の生き方が面白かったんではないかと思うのです。

　だから、曲のメッセージというのは曲の中だけにあるのではなく、歌い手のあり様、歌い手の生き様、あるいは歌い手が何をしゃべっているのかが、私にとっては重要なことだったと思う。加藤和彦はどう生きたか、吉田拓郎はどう生きたかが、音楽とともに大事なことだったんだと思います。それを人は「伝説」と呼んだりするのかもしれないけれども、それほど大げさなことではなく、一つの音楽がどのように作られたかというプロセス、「帰って来たヨッパライ」はあんなふうにつくられて、こんなふうに放送局にかかって、こんなふうに東京に来たんだ……みたいな。そしてわれわれはこんなグループだったということが、さらにこの曲の面白さを増幅していった部分があったと思う。

私たちの時代が音楽の時代だったといえるならば、そういった聴くに値する、あるいはそういうシンガーたちの人生を聴くことができた。文学でいえば夏目漱石たちの人生、あるいは太宰治の人生と小説とが重なりあっていたからこそ、あれは私小説であると。作家が主人公として作品に参加していると思って読むから『人間失格』がむちゃくちゃ面白いんだと思います。

フォークソングからニューミュージックになったときもそうだけれど、あの時代のほとんどの音楽は、私小説だったと私は思うのです。石鹸箱をカタカタ鳴らしながら風呂屋に行く「神田川」（かぐや姫、73年）でも、主人公は南こうせつ、つまり作者自身だと想像しながら人々は音楽を聴いていた。ミュージシャン（作者）が音楽空間に、歌の中に出演していたと思うんです。それに私たちは引き寄せられ、感動し、やがて知らないうちに自分たちも出演して歌を作っていた。そういうふうに、生き生きした音楽だったけれど、同時に生き生きした交流だったという感じがする。

▼「オリジナル」という幻想

●きたやま　それともう一つ強調しておきたいのは、音楽が音楽として広く支持されるには、作品の問題だけではなく、時代が後押ししたと認めざるを得ない。やっぱりトランジスタラジオが出てきて、高い音程の音を響かせるような小さなスピーカーであったからこそ、「おらは死んじまっただァ」というようなキンキンする音がみなさんの耳元に届いたわけで、1968年という時代が、あの曲を作ったというところがあると思うんです。

そうなってくると、あの5年前にも、その5年後にもフォーク・クルセダーズは出てきたかもしれない。でも、1968年のときのような現象にはならなかったと思う。それは、ビートルズにしても、ローリング・ストーンズにしても、みんなについて言えることだと思うんです。やっぱり時代が、そのときの「コロッセウム」の状況が「グラディエーター」を待っていたんじゃないかと思う。ショーというのはそれを見ている観客が作るということです。

そうした認識がなくて、すべて自分で作ったかのように思い込むと、えらい勘違いが起こってしまう部分があると思います。私は浮世絵を見ていると、たしかに歌磨とか北斎だとかはすごい。しかし、もっとすごいのは版元の蔦屋重三郎らのマネージメントで、彼らには作家の印税という発想がなかったように思うんです。印税という感覚を持ち込んだのは、アメリカ、西洋社会でしょう。

オリジナリティの考え方だと思うんですが、本当のoriginというのは、歌手にあるのか、シンガーソングライターにあるのかというと、実はそんなことはない。聴き手にもあるんじゃないかと思わざるを得ないんです。買ってくださったからこそ、私たちが評価されたという順番があるじゃないですか。どっちもどっちだと思います。

●富澤　時代の必然性ですね。それから出会いの必然性もある。たとえば、フォーク・クルセダーズはあの三人。平沼義男さんはプロになるのがイヤだといって脱退したけれども、もし彼がメンバーに残っていたら、その後のフォークルがどうなっていたかわからないし。新たなメンバーに、はしだのりひこさんじゃない人が加わっていたら、これもどうなっていたかわからない。きたやまさんは当初、杉田二郎さんを引っ張ってくるつもりだったらしいですから……。

　それはともかく、いくらいい楽曲、いい曲だとしても、歌い手が意味を理解して、自分のものにしないと、いい歌にはならないと私は考えます。聴き手の頭のなかには、本当に自分の聴きたい歌があるわけです。こういう歌があったらいいなとか、こういう曲が流れてきたらいいなとか、こういう詞があったらいいなとかいう理想の曲が、頭の中で鳴っているんです。たまたま頭の中で鳴っているのと同じような曲がラジオやテレビから流れてきたときに、聞き手は「いい歌だ」と思うんじゃないか、と私は思うんです。

　ドラマのタイアップ曲にしても、とってつけたようなパターンが多すぎます。映像と音楽があまりにも乖離していて、不自然きわまりない。「北の国から」「贈る言葉」のように、富良野の雪景色を見たら自然にあの音楽が浮かんだとか、あの曲を聴いたら自然に荒川の河川敷が浮かんだとか、そうじゃないと。とってつけたようなタイアップはダメ。

▼人生を変えてしまう歌もある

●きたやま　私もそこが大事だと思います。いまの発想は、とくにシンガーソングライターじゃないとできないことですよね。あの時代だけのことかもしれないのですが、誰か、偉い先生が作ったものを、イケメンの連中が歌ってというのもいいけど、それだけでは生まれない現象だったと思います。後者においてはアイドルを売っているのですが、モンキーズに口パクで演奏されても困った。私たちは偶像に正しく人間であるという錯覚を求めていたのであって。

でも私たちが買ってきた人形が、本人の意思でこの曲を作ったんだとしたら、これは夢のオートマータ。つまり自分の意思を持つ自動人形なんですね。これを私たちの時代もそれなりに完成したけれど、私たちの後の世代のシンガーソングライターたちが、さらに完璧に完成したのだと思うんです。からくり人形を夢見たシンガーソングライターたちが、人形に魂を与えて、自作の曲を歌ってくれるところまではね。これってエジソンたちの努力の延長で完成した、まさに自動人形＝オートマータだと私は思うんです。

●**富澤**　私は**吉田拓郎**の「**今日までそして明日から**」を聴いて大学を中退したわけです。そういう意味では、歌には人の人生を変えるという力もある。

●**きたやま**　だから、そうなってくると、人生を変えるほどのインパクトを与える、説得力のある人間との出会いになってくるじゃないですか。あの時代はそこまでいったんです。人が夢見たオートマータの完成があったんだと思う。だから、「自動人形」こそが私の愛したもののメタファーです。

●富澤　私もそういう歌が、いい歌だと思います。私の人生を変えた歌、拓郎の「今日までそして明日から」について少しお話しさせてください。

　1970年4月――私は東大に合格しました。だが、中退してしまいました。大学に入学した時点で、東大に対する憧れ、魅力がなくなってしまったからです。高校時代の私は、東大に入ることしか考えていなかった。入って、その後何をしたいのか、そんなことはまるで考えていなかったのです。だから東大という最大目標を手に入れたのと引き換えに、私は自分の生きる糧をなくしてしまったのです。それからは何の目標もない空しい日々が続く。入学して3カ月目からはほとんど講義には出ないで、大学近くにある〝レオ〟という喫茶店に入りびたっては、マンガを見たりレコードを聴いていました。しかし、こんなはずじゃなかった、という思いは常に持っていました。

　そんな大学1年の終わり頃、ラジオの深夜放送で実にショッキングな歌を耳にしました。吉田拓郎の「今日までそして明日から」でした。初めはなに気なく耳に入ってきた歌でしたが、いつしか「そうだ、その通りだ」とうなずいている自分を発見してびっくりしたものです。「ぼくの今の心情を見事にうたい切っている。こんな歌があったのか」――そう思うと、いてもたってもいられませんでした。

私と違って、拓郎はフォークをうたうという行為によって、何かをつかもうとしているようでした。少なくとも私にはそう思えたのです。そのとき、拓郎こそ、私にとって人生の指針ではないかと思いました。拓郎との出会いで、私は拓郎のように行動を起こさなければならないと決心しました。私の〝青春の風〟が拓郎と共鳴して反応を起こし騒いだのです。それからすぐに大学を中退しました。つまり、私は拓郎に刺激を受け、触発され、跳んだということです。私だけではありません。私のように拓郎に触発されて跳んだ若者はたくさんいたということです。

音楽は音楽であって、実は音楽ではない、という時代がありました。もう50年以上も前の「フォーク時代」のことです。当時フォークは音楽であって、実は音楽ではなかった。これはどういうことかというと、スタイルはあくまで音楽ですが、それを超えてしまう〝何か〟があったということです。換言すれば、音楽は己の自己表現の一手段だったということです。

かつて「フォーク時代」は、歌とはそういうものでした。歌にアーティストの生きざまそのものが反映され、聴き手である私たちは歌を聴いてアーティストの〝生きざま〟に共感を覚えたのです。ところが、年月は流れ、歌そのものが変わってしまったように思えてなりません。いや、アーティストも聴き手も、歌に対する考え方が変わってしまったというほうが適切でしょうか?

歌のスタイルはかつてのフォーク一辺倒の時代からロック、ポップス、ダンスミュージック、ヒップホップなどと多様化しましたが、そんな中で音楽は〝たかが音楽〟に成り下がってしまった、と私は思っています。でもそれは「音楽は音楽としての〝純粋性〟を取り戻した」というパラドックスでもあるのです。

しかし、と私は考えてしまう。いくら音楽性があったとしても、内容の稀薄な歌が本当に歌なのか?と。今こそ、歌は「フォーク時代」の〝原点〟に立ち返るべきなのです。

●**きたやま**　こうして見渡すと、歌は世につれ世は歌につれで、なるようにしかならない。いつも眼の前が〝原点〟のように見えます。

▼人生のコーダとの向き合い方

●**富澤**　読者の皆さんへのメッセージという意味合いもあるのですが、豊かな老後、豊かな余生を送るための、きたやまさん流のヒントがあれば教えていただきたいのです。きたやまさんは「事故待ちタイプ」という人間で、トラブルを期待するという言い方をされていましたね？

●きたやま　行き当たりばったりで、ハプニングを待つという感覚だから……。予定したり意図したとおりのことはなかなか起きないですよね。でも何か起きるんですよ。何か面白いことがきっと起きる。それは予定しないところからやってくる。本当にコロナというのは予定しないところからやってきたけれど、これをきっかけにして、何か面白いことを思いつけたらと思うし、これだけのことがしゃべれるのも、なにか事故が起きるのを待っているからだと思います。

しかし、一寸先は闇だとやっぱり思います。振り返ってみると「帰って来たヨッパライ」もそうだったし、拓郎、陽水、こうせつ、ユーミン、中島みゆきがやってきたこともそうだった。今回富澤一誠が声をかけてきたのも、空から物が落ちてきたみたいな企画だし……。今日話したことだって、サーカスの話にしても、まったく予定してなかったのが降ってきたところがあるので、何が起きるかわからない。ただ、一つ一つのハプニングを大事にしてきたことが、自分の豊かさに繋がったのかな、とは思います。これからもそうしていきたい。

●富澤　人生で最後のハプニングである「死」も、ポジティブに捉えていらっしゃる？

●きたやま　いやいや、「もういいよ」という感じはあります。そう感じられるのも、人生をある程度までは満喫したからでしょうね。ありがたいと思いますよ。

だけど、ポジティブとかネガティブとかいう感覚はありませんね。動物と決定的に違う人間の特徴は、やがて死ぬということを大人たちが知っているということですからね。しかし、それがいつ起きるかはわからない、いつ死ぬかわからないのが人間の悲惨なので。事故みたいな形で起きるわけだから、それをああだこうだと楽しむわけにはいかないですよね。

●富澤　**井上陽水は「限りない欲望」**（1972年）という曲で、人間いつかは死ぬんだけれども、どうせ死ぬなら天国に行きたい、と歌った。

●きたやま　私は科学者ですから、死後はないと……。

日本人の宗教観に「次」はないんだと思うんです。キリスト教徒には次の時代（来世）があるから、いまをどう生きるかというふうに考えるでしょうけど、私たちはこの世の「儚さ」というものを噛みしめる。

というのは、この現実は儚いんですよ。そこで始まりここで終わるんです。繰り返しはないと思うんです。そういう意味では、私には死後の世界は見えないし、そこに知的な関心がない。あるかないかわからないから、なんとも言いようがないというのが正直なところです。だから正直、「分からない」ので非常にこわいわけです。新曲があるなら、やはり「死ぬのはこわいよー」ですかね。つまり、「天国良いとこ」とはもう歌えないのです。今度は戻ってこられないわけですから。

●富澤　この50年間、私はフォーク&ニューミュージックの「従軍記者」として、この目で見、この耳で聴き、この心で感じたことを熱く語ってきたつもりです。あとどのくらいできるのかわかりませんが、願望として、きたやまおさむさんのゴールは私が見届けます。それが従軍記者としての私の〝使命〟です。

あとがき

おさまりの悪さ……

富澤一誠

この50年間、「音楽評論家」と呼ばれ、また自らも名のってきましたが、違和感をずっと感じていました。なぜか？　おさまりが悪かったからです。

音楽評論家としてデビューした20歳の頃、自分の意見や考え方を主張して、自分という人間の存在を知って欲しかった。ただそれだけだったと言っても過言ではありません。そのときの私は、言うなら、「自分の歌がうたいたい」その一心でした。自分の歌、つまり、自分の主張を、自分の言葉で、自分の声で歌いたいと欲していたのです。

数年が経ち、ふと振り返ったとき、自分の音楽評論には自分なりのスタイルがあることに偶然にも気がつきました。そのスタイルとは？　私の音楽評論は、生きているアーティストの「生きざま」と「音楽」を鏡にして、自分の生きざまを描き出すことにあるのです。その意味においては、対象を語りながらも、結局は自分自身のことを語っているのです。

しかしながら、心の片隅で一抹の淋しさを禁じえませんでした。音楽評論の、いや、すべての評論の宿命と言ったらいいでしょうか。自分の歌がうたいたい、と欲しながらも、つまるところは、他人の声にのせてしか歌えないという事実を知るとガク然とせざるをえません。

音楽評論家は音楽業界において立ち位置が定まりません。アーティストではありません。かといってスタッフでもありません。では何なんだということになりますが、これぞ、きたやまおさむさんが「コブのない駱駝」で表現された「おさまりの悪さ」ということではないでしょうか。きたやまさんはおっしゃいました。

「私は小さいときからずっと感じていたんです。どこへ行ってもおさまりが悪いなと。それが歌になった」

それと同じように、私もおさまりの悪さを感じていたからこそ、必死に書き飛ばしながら、おさまりの悪さを修正していたのかもしれません。だから、時に過激になったりもしたのです。

「売れているアーティストに帰属すればアーティストの御用ライターでしかない。だが、悲しいことに、そんな輩のなんと多いことか…。だからこそ、少なくともぼくぐらいは襟を正して〝音楽評論家〟という名前に値するように頑張ろうと思う。それが自分の〝使

命〟だと信じているからだ」（『俺が言う』から）

そして今、おさまりの悪さが私をこんな方向に向かわせています。「音楽を熱く語る」というのが私のテーマです。音楽を聴いて感動したら熱く語る。その語りが、やがて次の語りを呼び、熱気を帯びながらたくさんの人々を巻き込んでいくのです。その意味では、ひとりの聴き手の熱い想いが言葉となって語られたときに初めて歌は伝わるのです。

おさまりは悪くていいのだ、ということを教えてくれたたきたやまおさむさん。私はまだ音楽を熱く語れそうです。ありがとうございました。ノンフィクション作家の辻堂真理さん、絶妙なアシスト助かりました。そして50周年にふさわしい素敵な舞台を用意していただいた杉山尚次さんに心より感謝いたします。

本書に関連する略年譜

年		きたやま　おさむ　略年譜	富澤一誠　略年譜	出来事と言及した作品
1946	S21	兵庫県、淡路島で生まれる		天皇人間宣言 日本国憲法公布
1951	S26		長野県須坂市で生まれる	サンフランシスコ講和条約、日米安保条約締結
1958	S33			大江健三郎『見る前に跳べ』
1959	S34			小林旭「ギターを持った渡り鳥」
1960	S35			西田佐知子「アカシアの雨がやむとき」 日米安保条約改定、安保闘争 国民所得倍増計画決定
1961	S36			小林旭「北帰行」 小田実『何でも見てやろう』
1962	S37			ジェリー藤尾「遠くに行きたい」作詞永六輔 国産第1号研究用原子炉に点火
1963	S38			舟木一夫「修学旅行」
1964	S39			克己しげる「さすらい」 東京オリンピック開催
1965	S40	京都府立医科大学に入学、在学中にフォーク・クルセイダーズの結成に参加		北島三郎「帰ろかな」 日韓基本条約調印
1966	S41			ブロードサイド・フォー「若者たち」 ビートルズ来日 中国で文化大革命
1967	S42	フォーク・クルセイダーズ自主制作アルバム『ハレンチ』発売 「帰って来たヨッパライ」発売		リンド&リンダース「あした陽が昇ったら」 鶴岡雅義と東京ロマンチカ「小樽のひ

				とよ」 映画『卒業』 五木寛之『青年は荒野をめざす』 第3次中東戦争
1968	S43	フォーク・クルセイダーズ「青年は荒野をめざす」「コブのない駱駝」「水虫の歌」		国際反戦デー、世界各地で集会・デモ チェコ「プラハの春」にワルシャワ機構軍が侵攻 新宿騒乱事件 3億円事件
1969	S44	はしだのりひことシューベルツ「風」、「さすらい人の子守唄」作詞 ベッツィ&クリス「白い色は恋人の色」作詞 単行本『くたばれ!! 芸能野郎』 TBSラジオ「ヤング720」「パック・イン・ミュージック」のパーソナリティ(72年まで)		五つの赤い風船「遠い世界に」 内山田洋とクールファイブ「長崎は今日も雨だった」 森進一「港町ブルース」 映画『男はつらいよ』 東大安田講堂の封鎖解除 全国で沖縄デー 米、アポロ11号、月面着陸 米ウッドストック・フェスティバル
1970	S45	ベッツィ&クリス「花のように」 トワ・エ・モア「初恋の人に似ている」作詞	東京大学に入学	かまやつひろし「どうにかなるさ」 加藤登紀子「帰りたい帰れない」 吉田拓郎「イメージの詩」 日本万国博始まる 日航「よど号」ハイジャック事件 日米安保条約の自動延長 三島由紀夫事件
1971	S46	はしだのりひことクライマックス「花嫁」作詞 ジローズ「戦争を知らない子供たち」作詞 単行本『戦争を知らない子供たち』、『さすらいびとの子守唄』	東大を中退し、音楽評論家デビュー、岡林信康、北山修を批判	岡林信康アルバム『俺らいち抜けた』 吉田拓郎「今日までそして明日から」 上條恒彦+六文銭「出発(たびだち)の歌」 第3回中津川フォークジャンボリー ドルショック

		加藤和彦・北山修「あの素晴しい愛をもう一度」作詞・歌 北山修アルバム『ピエロのサム』 堺正章「さらば恋人」作詞 由紀さおり「初恋の丘」作詞 「戦争を知らない子供たち」で日本レコード大賞作詞賞を受賞 芸能活動から「引退」		
1972	S47	浅川マキ「赤い橋」作詞 京都府立医科大学医学部を卒業 札幌医科大学内科研修生に		上條恒彦「だれかが風の中で」 モップス「たどり着いたらいつも雨ふり」 ちあきなおみ「喝采」 井上陽水「限りない欲望」 吉田拓郎アルバム『元気です。』 連合赤軍、浅間山荘事件 沖縄返還 田中首相、訪中、日中国交正常化合意
1973	S48	単行本『ピエロの唄』	単行本『あゝ青春流れ者』	チューリップ「心の旅」 井上陽水「夢の中へ」 かぐや姫「神田川」 石油ショック、この年狂乱物価
1974	S49	ロンドンに留学	単行本『フォーク対談集』	
1975	S50	杉田二郎「男どうし」「積木」「題名のない愛の唄」作詞 単行本『白いクジラの泳ぐ空』、『止まらない回転木馬』	単行本『俺の井上陽水：What is to do next?』	「シクラメンのかほり」（小椋佳・作詞作曲）が日本レコード大賞 イルカ「なごり雪」 荒井由実「ルージュの伝言」 中島みゆき「時代」 太田裕美「木綿のハンカチーフ」 南こうせつ「幼い日に」 ベトナム戦争終結
1976	S51		単行本『青春宿命論』『シンガー・ソ	アリス「遠くで汽笛を聞きながら」

			ングライターになる法』	映画『ウディ・ガスリー／わが心のふるさと』
1977	S52	単行本『人形遊び――複製人形論序説』	単行本『僕たちは音楽で超える』、『フォーク大全集：明日を走るニューミュージック全251曲』	狩人「あずさ2号」 石川さゆり「津軽海峡・冬景色」 映画『未知との遭遇』
1978	S53		単行本『ニューミュージックの危険な関係』、『フォーク大全集〈1979年版〉』『あいつの生きざま』	山口百恵「いい日旅立ち」 日中平和友好条約調印
1979	S54	単行本『サングラスの少女』	単行本『松山千春：さすらいの青春』、『ニューミュージックの衝撃』、『さだまさし：終りなき夢』	米中国交樹立 イラン革命、第2次石油危機 中越戦争勃発（第3次インドシナ戦争） 米、スリーマイル島原発事故 イラン、米大使館人質事件 ソ連、アフガニスタンに侵攻
1980	S55	杉田二郎「地球のどまんなか」「やさしさは残酷」作詞 北山医院（現：南青山心理相談室）開設	単行本『あいつのクシャミ』、『音楽型人間学』、『永井龍雲：負け犬が勝つとき』、『失速：ガロが燃えつきた日』	韓国、光州事件 イラン・イラク戦争 ジョン・レノン射殺される
1981	S56	ヒューマンズー「西瓜太郎」作詞・歌	単行本『オレのバイブル：1968岡林信康〜1981松山千春』、『あいつの切り札：松山千春から吉田拓郎まで36人』、『あいつの本音：長淵剛から永井龍雲まで13人』	米、レーガン大統領就任 英、ダイアナ妃誕生
1982	S57	第1回「夏の時代」コンサート⇩85年まで 単行本『悲劇の発生論――精神分析の理解のために』	単行本『「昭和」伝説：財津和夫・武田鉄矢と甲斐よしひろたち』、『あいつのモンタージュ：オフコース・五十嵐浩晃・岸田智史・アリスの素顔』『フォーク大全集―457曲（1982年版）』	東北新幹線、上越新幹線開業 中曾根内閣発足
1983	S58	単行本『人形は語らない――出会いの不在―不在との出会い』	単行本『ぼくたちは音楽から愛をまなんだ』、『夢のあがり：ニューミュージ	尾崎豊「15の夜」 東京ディズニーランド開園

			ックの仕掛人たち』	
1984	S59		単行本『NEXT　ビッグアーティストが次にめざすもの』、『ザ・ニューミュージック』、『ぼくらの祭りは終ったのか——ニューミュージックの栄光と崩壊』	グリコ・森永事件 ロス五輪
1985	S60	単行本『錯覚と脱錯覚——ウイニコットの臨床感覚』、『うい・あー・のっと・ざ・わーるど』、『他人のままで』	単行本『「成りあがり」のすすめ：過激に成りあがるニュー人生論』	男女雇用機会均等法成立 G5プラザ合意
1986	S61		単行本『ニューミュージック愛をよろしく：32人の青春譜』	沢木耕太郎『深夜特急』 ソ連でチェルノブイリ原発事故
1987	S62	単行本『ビートルズ』	単行本『もう一歩の勇気で自分が面白く生きられる』	国鉄分割・民営化 日米貿易摩擦激化 バブル経済
1988	S63	単行本『心の消化と排出——文字通りの体験が比喩になる過程』	単行本『新宿ルイード物語：ぼくの青春と音楽』、『自分の「持ち味」を120%生かしきる法』 日本レコード大賞審査委員	ブルーハーツ「TRAIN-TRAIN」 ソウル五輪
1989	H1	杉田二郎・森山良子「祈り～prayer～」作詞		昭和天皇、手塚治虫、美空ひばり死去 消費税スタート
1990	H2			バブル経済崩壊へ イラク、クエートへ侵攻 東西ドイツ統一
1991	H3	九州大学教育学部助教授に就任、94年同教授	単行本『俺が言う①』『俺が言う②』	湾岸戦争 ソ連崩壊 地価下落「平成不況」
1992	H4		ラジオ『JAPANESE DREAM』(NACK5)～2006年まで プロデュースしたアルバム『ASIAN	尾崎豊死去

			VOICES』へ第34回日本レコード大賞〝企画賞〟受賞	
1993	H5	単行本『見るなの禁止』、『言葉の橋渡し機能』、『自分と居場所』北山修著作集・第1～3巻	単行本『青春のバイブル：魂を揺さぶられた歌』	非自民連立政権誕生
1994	H6			松本サリン事件
1995	H7		ラジオ『MUSIC CHALLENGER』(NACK5) ～2006年まで	阪神大震災 地下鉄サリン事件 野茂英雄、MLBで新人王
1996	H8		単行本『ちょっとしたことの積み重ねが夢を実現する：生きるコツ54話』	自民党、政権復帰
1997	H9	単行本『みんなの精神科』、『みんなの深層心理』		香港、中国に返還 三洋証券倒産、北海道拓殖銀行破たん、山一證券自主廃業
1998	H10		TV『音楽通信』（テレビ東京）	朝鮮、テポドン発射実験 日本経済の「失われた10年」
1999	H11	単行本『心のカタチ、心の歌』	単行本『わがまま人生案内』、『フォークが聴きたい：青春のマイ・ソング210曲』	茨城県東海村で臨界事故 周辺事態法、国旗・国歌法、通信傍受法（盗聴法）成立
2000	H12		TV『Mの黙示録』（テレビ朝日）	ロシア大統領にプーチン就任
2001	H13	単行本『幻滅論』、『精神分析理論と臨床』		中央省庁再編 米で同時多発テロ、米、アフガニスタン空爆
2002	H14	フォーク・クルセイダーズ「新結成」	単行本『ミリオンセラーは教えてくれる：Mの黙示録』	EU、ユーロ導入 小泉首相、北朝鮮訪問、金正日総書記と会見、拉致被害者5人が帰国
2003	H15			イラク戦争始まる

2004	H16			新潟県中越地震
2005	H17	単行本『共視論』（編著）、『ふりかえったら風』1—3巻		郵政民営化関連法、成立
2006	H18		日本レコード大賞常任実行委員	ライブドアグループ堀江貴文、村上ファンド村上世彰逮捕、ヒルズ族の凋落 第一次安倍内閣 北朝鮮、地下核実験
2007	H19	単行本『劇的な精神分析入門』	単行本『フォーク名曲事典300曲』 『フォーク検定』	「格差社会」論議、「消えた年金」問題
2008	H20	単行本『百歌撰』	単行本『音楽を熱く語るたびに夢が生まれた！』 『J-POP名曲事典300曲』	リーマン・ブラザーズ破産（リーマンショック）、世界同時不況へ
2009	H21	単行本『覆いをとること・つくること』、『ビートルズを知らない子どもたちへ』	ラジオ『Age Free Music!』(NACK5)、『ミュージック・トーク』(JFN各局)、「昭和ちゃんねる〈富澤一誠の青春のバイブル〉」(usen)	加藤和彦、死去 日比谷に「年越し派遣村」 衆議院選挙で民主党が第1党に、政権交代
2010	H22	九州大学を定年退職 杉田二郎「前向きに倒れてみたい」作詞 単行本『最後の授業——心をみる人たちへ』、『Prohibition of Don't Look: Living through Psychoanalysis and Culture in Japan』	単行本『あの素晴しい曲をもう一度：フォークからJポップまで』 プロデュースしたアルバム『あの素晴しい曲をもう一度〜富澤一誠名曲ガイド。時代が生んだ名曲39曲〜』〈第52回日本レコード大賞〝企画賞〟〉受賞	映画『カントリー・ストロング』 日米共同発表、辺野古移設合意 尖閣諸島中国漁船衝突事件 アウン・サン・スーチー、自宅軟禁から解放
2011	H23		単行本『Age Free Music〜大人の音楽』	東日本大震災、東京電力福島第1原子力発電所事故
2012	H24	単行本『帰れないヨッパイたちへ』		衆議院選挙で自民党、政権復帰、第二次安倍内閣
2013	H25	白鴎大学副学長に就任		2020年夏季オリンピックの開催都

		単行本『評価の分かれるところに――「私」の精神分析的精神療法』		市が日本の東京に決定 共通番号（マイナンバー）制度関連法成立 特定秘密保護法、成立
2014	H26	単行本『意味としての心――「私」の精神分析用語辞典』	TV『あの年この歌～時代が刻んだ名曲たち～』（BSジャパン） 単行本『「大人の歌謡曲」公式ガイドブック Age Free Music の楽しみ方』	消費税が5％から8％に 沖縄県知事選、翁長雄志当選
2015	H27		単行本『ユーミン・陽水からみゆきまで 時代を変えたフォーク・ニューミュージックのカリスマたち』	安全保障関連法、成立
2016	H28	単行本『コブのない駱駝』	単行本『「大人のカラオケ」選曲名人』編著	相模原の知的障害者施設で大量殺人事件 英、国民投票でEU離脱決定 米、大統領にドナルド・トランプ
2017	H29	単行本『定版 見るなの禁止――日本語臨床の深層』、『「内なる外国人」――A病院症例記録』	日本レコード大賞アルバム賞委員長	映画『グレイテスト・ショーマン』 「森友・加計」問題
2018	H30		単行本『あの頃、この歌、甦る最強伝説』 尚美学園大学副学長に就任	オウム真理教事件の死刑囚、刑執行
2019	H31 R1	単行本『良い加減に生きる 歌いながら考える深層心理』前田重治と共著	日本作詩大賞審査委員長 TV『イマウタ』（BS日テレ）	新天皇即位、令和に改元 消費税8％から10％に。
2020	R2		単行本『音楽でメシが食えるか？』辻堂真理と共著	新型コロナウイルスでパンデミック 東京オリンピック延期 菅内閣発足
2021	R3	白鴎大学学長に就任 ヒュー・プレイサー『ぼく自身のノオト』翻訳の新装版（初版は79年）	音楽評論家活動50周年記念2枚組CDブック『私の青春四小節～音楽を熱く語る！』	映画「ノマドランド」

著者……きたやま　おさむ
1946 年淡路島生まれ。精神科医、臨床心理士、作詞家。九州大学教授を経て現在白鴎大学学長。65 年京都府立医科大学在学中にザ・フォーク・クルセイダーズ結成に参加、67 年「帰って来たヨッパライ」でデビュー。グループ解散後は作詞家として活動。71 年「戦争を知らない子供たち」で日本レコード大賞作詞賞を受賞。専門家としては臨床活動が主な仕事で、その著作も『劇的な精神分析入門』『最後の授業』『意味としての心』（みすず書房）、『新版・心の消化と排出』（作品社）などが代表作。その他の著作に『コブのない駱駝―きたやまおさむ「心」の軌跡』（岩波書店）『ビートルズを知らない子どもたちへ』（アルテスパブリッシング）など多数がある。

著者……富澤 一誠（とみさわ・いっせい）
音楽評論家。1951 年、長野県須坂市生まれ。東京大学中退。71 年、音楽雑誌への投稿を機に音楽評論活動に専念。J-POP 専門の音楽評論家として、独自の人間生きざま論を投影させ、広く評論活動を展開。
現在、レコード大賞審査委員、尚美ミュージックカレッジ専門学校客員教授、尚美学園大学副学長も務めている。著書に『「大人の歌謡曲」公式ガイドブック』『「大人のカラオケ」選曲名人』『あの頃、この歌、甦る最強伝説』（言視舎）『あの素晴しい曲をもう一度』（新潮新書）『ユーミン・陽水からみゆきまで』（廣済堂新書）『フォーク名曲事典 300 曲』『J-POP 名曲事典 300 曲』『Age Free Music・大人の音楽』（共にヤマハミュージックメディア）等多数。【Age Free Music!】（FM NACK5）【AgeFree Music ～大人の音楽】（JFN 系全国 FM34 局ネット）【昭和ちゃんねる・富澤一誠の青春のバイブル】（USEN I-51）【イマウタ】（BS 日テレ）などのパーソナリティー＆コメンテーターとしても活躍中。
【オフィシャルサイト】http://tomisawaissei.blog72.fc2.com/　@oregaiu 俺が言う！ by 冨澤一誠

企画協力…………辻堂真理
DTP 組版…………勝澤節子
装丁…………山田英春
協力…………田中はるか

「こころの旅」を歌いながら
音楽と深層心理学のめぐりあい

発行日❖ 2021 年 6 月 30 日　初版第 1 刷

著者
きたやまおさむ、富澤一誠
発行者
杉山尚次
発行所
株式会社言視舎
東京都千代田区富士見 2-2-2 〒 102-0071
電話 03-3234-5997　FAX 03-3234-5957
https://www.s-pn.jp/
印刷・製本
モリモト印刷㈱

ISBN978-4-86565-203-1 C0095
JASRAC 出 2104713-101